新しいマーケティングのかたち

推し活経済

Oshikatsu Economy

瀬町奈々美

Semachi Nanami

はじめに

「**推し**」
本書を手に取っているあなたはこの言葉を聞いて何を思い浮かべるだろうか。

好きなアイドル
アニメ好きの友達
レアポケモンをゲットしようと集まる人々
朝のテレビ番組での「推し活特集」
それともアイドルやアニメに熱中している家族や身近な人の存在だろうか。

私は現在大学三年生の、推し活を日々の楽しみとして生きている女子大生である。
私たち大学生にとって「推し」の存在は欠かせないものである。少なくとも私のコミュニティにおいてはそうだ。お金と時間を自由に使える私たち大学生にとって「推し」とは友達との話題の大きな対象であり、消費対象でもある。

私が今一番大学で仲のいい友達は「同じ推しが好き」という共通点を通して仲良くなったし、東京で一人暮らしを送る私の家計簿には「推し活費」という項目がある。「推しを推す活動」、いわゆる「推し活」が社会の中で大きな市民権を得てきていることは、様々なデータが示す「推し」または「推し活」に関連する大きな経済規模の数字からわかる紛れもない事実である。

株式会社SHIBUYA109エンタテイメントの2022年における調査では、15歳〜24歳の学生の約80%が「推しがいる」「オタ活」をしていると回答している。この調査ではさらに、日常の中で「推し」の存在を意識していると回答した人が90%。これは「推しカラー」(推しが持つイメージカラー)を意識した服の購入や、推しから連想できるアイテムを購入するなど、日常の中で推し活に関連した消費が広がっていることが示されている。この調査の対象は、これから10年後における日本の消費を背負うといわれるZ世代であり、**私の年代を含めた彼らが将来的に経済を大きく動かしてい**

く存在であることも、大きな意味を持っているといえるだろう。そんな「消費の種」である世代が推し活に投じる金額は、一番金額の低い中高生でも3割が月1万円以上、18歳〜24歳の3割が月3万円以上。現代はSNSを通じた無料コンテンツという、お金をかけずに「推し活」を行うことも可能な世の中で、この金額は大きなものであるのは明確で、いかに今の社会で「推しを取り巻く経済」が無視できない存在であるかがわかる。**「推し活」という市民権を得た人々は、いろいろな意味で最強である。**

スーパーで100円の値引きに渋る子が、8000円もするコンサートチケットに対して迷いなくお金を出す。

推しを持つ私の友達は自分の彼氏になる人の条件として「推し活に理解がある人」もしくは「推し活を実際にやっている人」をあげる。

このことからもわかるように「推しを持つ人」は、「推しに対しての消費」を渋るのではなく、むしろ喜んで行い、推しに会うために毎日の大変な仕事、勉強、ややこしい人間関係、理不尽な出来事を乗り越えようと頑張っている姿が見てとれる。

それだけ「推し」は現代、特に若者を中心とした日本人の価値観の根本に大きな影響を与える存在になってきているのだ。

私の好きなアイドル、「Aぇ！group」の正門良則《まさかどよしのり》の「自分は愛されるプロでなくてはならない」の言葉のとおり、現代における「推される存在」というのは、まさに「人々から愛されるプロ」であるといえるだろう。

「推し」に対して人々は「損得」で消費を行わない。「推し活」はアイドルやキャラクターたちに「幸せでいてほしい」、また「彼らと共に成長していきたい」という思いをベースに、コンテンツを提供する生産者とコンテンツを受け取る消費者が、その立場を時として入れ替えながら機能する、特殊で新しいコミュニティの形である。

ここまで文章を読んできた人の中には、きっとこんなことを感じている人もいるだろう。

「推し活がすごいなんて知っているよ。でもそれはエンタメ経済の話で、自分の今働いている業界やビジネスには関係ない話だ。」

そう感じた人に伝えたい。そんなことは決してない。

「推し」はエンタメ以外のビジネスにおいても、十分に取り入れられる考え方であることを私はこの本を通して断言する。

エンタメビジネスの施策は、発想のクリエイティブ性だけで回っているように見られがちである。しかし実際は、どの業界にも通ずるビジネスの基礎をもとに緻密に計算されたビジネスモデルだ。愛されるプロとして、長く続く「ブランド」としての価値を創造し、「推してくれる人々」＝「消費関係を超えたロイヤルカスタマー」という最高の同僚を得たうえで、成長を続けていくために計算し尽くされたものである。

つまり、「推し」または「推し活」を通じて消費を生み出すことは、あなたの取り扱うサービス・プロダクトにロイヤルカスタマーをつくり、顧客から消費を引き出すことに似ているといえるのだ。

そんな「推し活」を取り巻くビジネス構造を見ていけば、「自分のビジネスにおいても『推し』という存在をつくることは可能である」ということが自然と理解できるだろう。

本書では、そんな「推し」そして「推し活」を取り巻く様々な要素を、ビジネスの眼鏡を持って様々な角度から見ていくことで、「人々から長く愛される価値を生み出すための考え方」を解説していく。そしてあなたの仕事やビジネスに推しをつくるためのヒントを得てもらえれば幸いである。

第1章では、主に「推し」や「推し活」が身近ではない人にとって、そもそも「推し」という考え方とは何なのか、また現代に存在する「推し活」はどのような事例があるかなどを解説することで、「推しによる社会の変化」を感じてもらえるようになっている。

第2章では、「推しを持つ人」、また第1章をもとに「推し」「推し活」とは何なのかを感覚的に理解した人々に向けて、「推し」が私たち個人の生活や購買行動にどんな影響を与えているのかについて、ビジネス的な視点を持って解説する。この章を読めば、社会に存在する「推しのための応援行動（推し活）」がどのような消費者の行動へと結びついているのかを学ぶことができる。

そして第3章では、実際に自分の仕事や事業の中で「推してくれる人」をつくるために必要な要素やステップについて具体的に触れていく。この章を読むことで、『推し活経済：新しいマーケティングのかたち』を理解するだけではなく、自身のビジネスで実践する具体的な方法と行動が見えてくるだろう。

この本はどの章から読んでも学びや楽しみを得られるように作られているため、読んでいるあなたの興味関心や目的によって好きな章から読み始めてほしいと思う。

エンタメ力はビジネス力。推される力は自ら作り出す。

さあ、あなたの仕事に「推し」を作る旅に出かけよう。

目次

第2章　推しの思考には、ビジネスで使える要素が溢れている

第3章　エンタメ力はビジネス力
〜あなたのビジネスに推しをつくろう〜

第１章

推し活を制する者は ビジネスを制する

Chapter1

推し活を制する者はビジネスを制する

日本における推し活消費額は2020年度に400億円超に到達、18歳から24歳の推しを持つ人の34％が、1ヶ月に3万円以上を推し活へと投資していると回答している。

推しを持つ人々に対するヒアリングの中で、「推し活のためにバイトを頑張っています」「推しのために日常生活で貯金や節約を意識しています」「家計簿の中で推し活費を確保しています」「推し活をもっとしたくて、転職をしました」という声は本当に多く聞かれることであり、ある調査では、「推し活費のために貯金などの金銭的な工夫をした」と答えた人の割合は、「推しがいる」と答えた人の約8割に上る。

このことからも、今や「推し」が人々の消費の中心として大きな存在感を放つこと、そしてその考え方を味方につけることができれば、ビジネスにとって大きな強みになることがわかる。

繰り返しになるが、長年推し活を行い、大学で経営学を学ぶ私が感じているのは、「推し」は決してエンタメの世界だけに存在する話ではないということだ。エンタメの世界ではないビジネスの現場、例えば町のパン屋、お花屋、ＢｔｏＢ営業、食品メーカー、アパレルなど、どんなビジネスの現場でも「好きの気持ちを育てる方法」「好きの気持ちを大切にする方法」を心得ることができれば、この「推してくれる人＝応援者」「推される環境＝応援される環境」を持つことは可能である。

そして**自分のビジネス活動に「推してくれる人」がいるということは、この先長い未来を一緒に歩んでくれる新たな仲間の存在がいるということを意味し、不安定で変化の早い現代において、あなたのビジネスは唯一無二となっていくだろう。**

２０１９年、お菓子「たべっ子どうぶつ」を手がける株式会社ギンビスは、実際にビジネスに「推し要素」を取り入れることで注目を集め、大きな影響力を生み出した。ギンビスは発売から30年以上が経つお菓子「たべっ子どうぶつ」に、10代20代という新たな層を取り入れるため、クッキーの形として登場する動物たちをカプセルトイにして発売した。するとカプセルトイの発売後、トイになった各動物たちに対しての「好き」を表明する人が続出、このトイに関する問い合わせが殺到した。

つまり、お菓子であったキャラクターたちがトイになることで、キャラクターとして人々に「推される存在」へと変化したのだ。その勢いに乗り、ギンビスは動物キャラクターグッズの製作・販売を進め、一気に10代20代から注目を集める企業となった。実際データからもその大きな影響力を伺うことができ、ギンビスの売上は2年連続で、前年比2桁増収。２０２２年度は２０２０年度の１８０％を達成した。

「たべっ子どうぶつ」のキャラクターのグッズ化は、キャラクターがカラフルに色分けされていたこともあり、「推しカラー」文化と相性が良かったともいわれている。

しかし、「推しを利用しよう」「推し活をビジネスに利用しよう」という考え方は簡単に実現できるものではない。なぜなら、「推してくれる人」、つまり応援してくれる顧客は、簡単には得られない貴重な存在だからだ。彼らの好意は、ただ単に商品やサービスを購入するという以上の意味を持ち、その関係性を築くためには相応の理解と努力が必要となる。

まず理解しておくべきことは「推してくれる人」がどういう存在なのかという点である。彼らはコンテンツや応援する対象から受け取った幸せの感情を「推し（応援する対象）へと還元させたい」という思いを持って行動に移す「行動力のある応援者」であり、長期的にポジティブな影響を与えてくれる存在である。それは、彼らは単なる消費者という枠を超え、推しの活動をサポートし、さらなる価値を生み出そうとする情熱を意味する。

だからこそ、人々の中にある、「推し」と関わる時の「幸福感」や純粋な「好き」という気持ちを踏みにじらないための行動と努力が必要なのである。

なぜ人々は「推しへの消費」を積極的かつ喜んで行うのか。

なぜ「推し」を取り巻く様々なビジネスがヒットするのか。

将来のビジネスを考えるうえで理解しておくと「最強」となる、未来の消費者の思考を感じ取ってもらうために、この章ではまず現代の推し活ではどのようなことが行われているのかという推し活の実態から、推し活の歴史、また推し活をしている人の行動原理など、現代を取り巻く「推し文化」を詳しく解説していく。

バラエティーに広がる推しの世界

現代の「推し」文化では、「好きである」「応援する」といった対象は、世間一般的に想像される、いわゆるアイドルやアニメのキャラクターといったところにとどまらない。

日本特有である邦ロックバンド、俳優やＤＪ、お笑い芸人、VTuber、ギタリスト、スポーツ選手、馬、プロゲーミング選手など「推し」の対象は実に多様である。

こうした「推す対象の多様性」はもちろんのこと、今では同時に複数の「推し」を持つ「複数推し」も当たり前になってきている。あるデータでは、２０２１年時点で推しが二人以上いると答えた人が76・１％に上り、人々にとって「複数推し」という概念が一般化しているのがわかるだろう。私自身が２０２３年に行った調査においても、そのデータは顕著に表れており「推しがいる」と回答した人の9割が二つ以上の推しがいると回答している。

また近年ではアニメ＋アイドル＋キャラクター、ギタリスト＋お笑い芸人、スポーツ選手＋VTuberなど、ジャンルを超えた「複数推し」がノーマル化しつつある。

こうした**ジャンルを横断した「複数推し」は、各ジャンルに存在していた特有の「推し文化」が他のジャンルに持ち込まれることで「推し文化」のボーダレス化を進めている。**

アニメ推しの人々の文化であった、推しのぬいぐるみを持って写真を撮るという行為は、今ではアイドル好きの中でも頻繁に行われるようになっている。またYouTuberたちも、カレンダーや写真集を発売するなど、テレビや雑誌などで活躍するモデルやタレントのような活動を行うようになってきている。

こうした「ジャンルを超えた複数推し」のノーマル化には、二つの意味があるといえる。

一つは、一人が二つ以上の推しを持つことで「**推し活市場の需要が無限に拡大する可能性が高い**」ということ。これは、推し活に対して参入してくる企業が多かったとしても、競争が激化しにくいことを表している。なぜなら、限られた需要を取り合うのではなく、需要自体の大きさが増えていくことを示しているためである。


もう一つは「**推し活の新しい楽しみ方を人々は求めている**」という点である。今までであれば、各ジャンルにおける推しの文化は共有されることなく、一つのジャンルだけにとどまっていた（アイドルにはアイドルの推し方、アニメキャラクターにはアニメキャラクターの推し方が存在するなど）。そしてそのジャンルにとどまる人々は、その他の楽しみ方を知ろうとせずに、ある意味一つのジャンルのコミュニティに閉じた楽しみ方をしていたといえるだろう。しかし新たな「推し活文化」の中では、様々なジャンル間での推し活を人々がトライし、体感し、ＳＮＳでシェアするといったことが行われており、人々は「推しと共にどう最大限に楽しむのか」を絶えず追求しているように見える。

つまり、人々は以前よりも、よりオープンに推し活を楽しむための方法を探しているということである。一つのジャンルのコミュニティに固執しすぎないその姿は、「人々が楽しむ方法を提供する」という新たなビジネスチャンスがあるということをも意味している。

では、現代ではどのような「推し文化のボーダレス化」、そしてそれに伴う「推し文化の統合化」が起きているのだろうか？

実際の例を二つ見てみよう。

アニメ文化から生まれたアクスタにアイドルファンが大熱狂

ここ数年「推し活」の定番グッズとなっているのが、キャラクターやタレント、アイドルをアクリル板へ写したアクリルスタンド、通称「アクスタ」である。

「アクスタ」は、キャラクターの細部までを表現した「フィギュア」に代わって、手軽に持ち運べるという面から「アクリルスタンドキーホールダー」として、アニメが好きな人たちの中で広まっていった。

「アクスタ」はアクリルスタンドに写し出される小さな推しを、自分のバックに入れて様々な場所に連れていくことで、推しと疑似的に共通の思い出を増やしていく感覚を楽しむものである。そして、一緒につくった思い出の記録として、訪れた場所でアクスタの写真を撮り、それをSNS上で投稿することが今では一般的である。

当初は飾るものとして使われていたものの、時間が経つにつれ文化も変化し、今では「アクスタ」を家の外へと持ち歩き、カフェや旅行先、推し活を行う際のイベント会場などで写真を撮るといった文化が拡大、定着している。

　コロナ禍を迎え、自身の好きな「推し」と一緒の空間にいることが難しくなったことで、疑似的にでも同じ時間・空間を過ごそうと、自身の出かける場所に連れて行き一緒に写真を撮るといった文化が急激に拡大、一般化していったと考えられる。

　こうした、アクスタの撮影を気兼ねなく行えるようにと、「推し活カフェ」やアクスタ撮影スポットなどが様々な場所でも作られるようになってきている。

提供：アクリルグッズの達人

提供：アクリルグッズの達人

発売当初は、アニメ好きの中で広まっていたこの「アクスタ」文化だが今では徐々にアイドルや俳優などの三次元の推し活の現場に登場してきている。

２０１４年、女性アイドルの「ハロー！プロジェクト」が「フィギュアスタンドキーホルダー」として初めて実写の人物をアクリル板に投影したグッズを公式にて販売した。これを皮切りに、様々なアイドルが「アクリルスタンド」を公式のグッズとして販売開始し、今ではアイドルや俳優の他にも吉本興業所属のお笑い芸人や仮面ライダー、野球選手やプロレスラーなどのスポーツ選手のグッズとしても販売されている。

今では、推しを持つ人々の中で「アクスタは販売すると即売り切れる」といわれ、その入手の難しさから「アクスタ戦争」という造語が生まれるまで大きな影響力を持つようになった。またこうした流れの中で、アクリルスタンドをはじめとした「アクリルグッズ」を専門に受注・生産を行う事業も生まれている。

アイドル応援文化の「応援広告」は、VTuberやアニメキャラクターも対象に

近年「推し活」の一つの応援の仕方として日常化してきたのが、「推し」の誕生日や大きな会場でのイベント開催のお祝いに合わせて、街中、駅掲示板やサイネージをジャックし「お誕生日おめでとう」や「イベント開催おめでとう」のメッセージを広告するものである。

最近では、ボードに人々が付箋で推しへの思いを書き込むことができる「付箋広告」や、広告のついたトラックを走らせる「アドトラック」での応援広告も出てきている。

元々は韓国でK－POPアイドルを応援する文化の中にあった「応援広告」だが、今では日本のアイドルやアニメキャラクター、VTuberなどの誕生日お祝い・イベント開催お祝い方法として日常的に使われるようになってきているといえるだろう。

日本では、韓国のアイドル育成オーディション番組の日本版として制作された

「PRODUCE 101 JAPAN」への参加者へ応援・誕生日広告を皮切りに、番組から生まれた男性アイドルグループJO1のメンバーへの誕生日広告はもちろん、VTuber／バーチャルライバーグループ「にじさんじ」の所属ライバーの周年をお祝いした「周年記念応援広告」、アーティストの周年ライブをお祝いするアドトラックなどがある。

また、国を超えた応援の仕方も見られ、なにわ男子の道枝駿介の誕生日には、韓国のバス停のサイネージに海外のファンによって「誕生日広告」が出された。これらの実例からもわかるように、幅広い媒体と応援対象が「応援広告」の文化を大きくさせているといえるだろう。

こうした誕生日広告や応援広告に関しては、人々にとって応援の対象である「推し（応援対象）」自身が、出稿した広告を発見しSNSで感謝の意を示すこともあれば、キャラクターの運営側が「ありがとう」といったコメントをSNS上で残す場合もある。

こうした「応援広告」は、「推し」と「推す人々」との繋がりを感じられるものであるともいえ、その性質からかここ数年での出稿数は拡大してきている。

これらの応援広告にかかるお金は、多くの場合有志がSNSでの繋がりを使いながら仲間とお金を集めて広告を出したり、「クラウドファンディング」でお金を集めて広告を出すことが主流である。

それに伴い、最近では応援広告の出稿をサポートする専門ビジネスサービスも出てきている。

その一つがジェイアール東日本企画の事業、「Cheering AD」である。「Cheering AD」では、駅や街中での媒体に応援広告を出したい個人に対して事務所への許可取り、実際の掲載サポートを行っており、様々な所属事務所や権利元から応援広告の「公認」をもらった上での事業展開が行われている。こうした事業が世の中で出てきているというのも、この「応援広告」の需要が日本でいかに大きくなっているかを示しているといえるだろう。

「応援広告」は推しを持つ人々にとって、自分が推しに対して行っている活動を大きく見える形で行い、本人も認識してくれる可能性があるという「高揚感」と多くの

VTuber・にじさんじ樋口 楓 周年記念応援広告

声優・石原 夏織 5周年アニバーサリーライブアドトラック

提供：ジェイアール東日本企画 Cheering AD

人の目が止まる場所に「推しの広告」を出すことで「多くの人に自分の推しを知ってほしい、認知度を高めたい」という「推しへの貢献」を感じられる活動であることがわかるだろう。

このように現代の「推し」を取り巻く環境は、人々が様々な「推し」の文化を別の「推し」へと持ち込み自ら楽しみを最大化させるようになってきているともいえる。人々は今それだけ新しい情報や方法にオープンであるからこそ、大きなチャンスがあるといえる。

推し布教意識がある人の割合

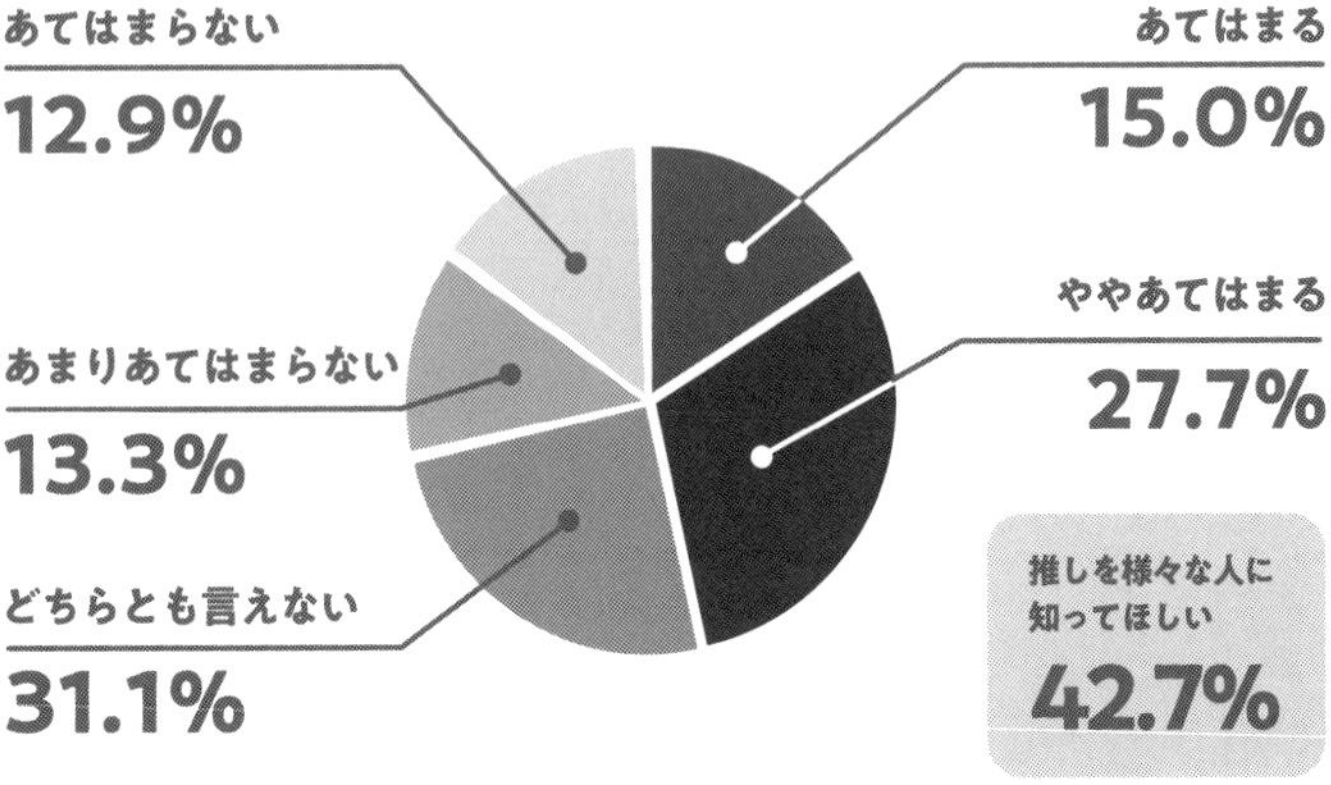

出典：ジェイアール東日本企画 Cheering AD 提供資料より作成

応援広告の実施理由

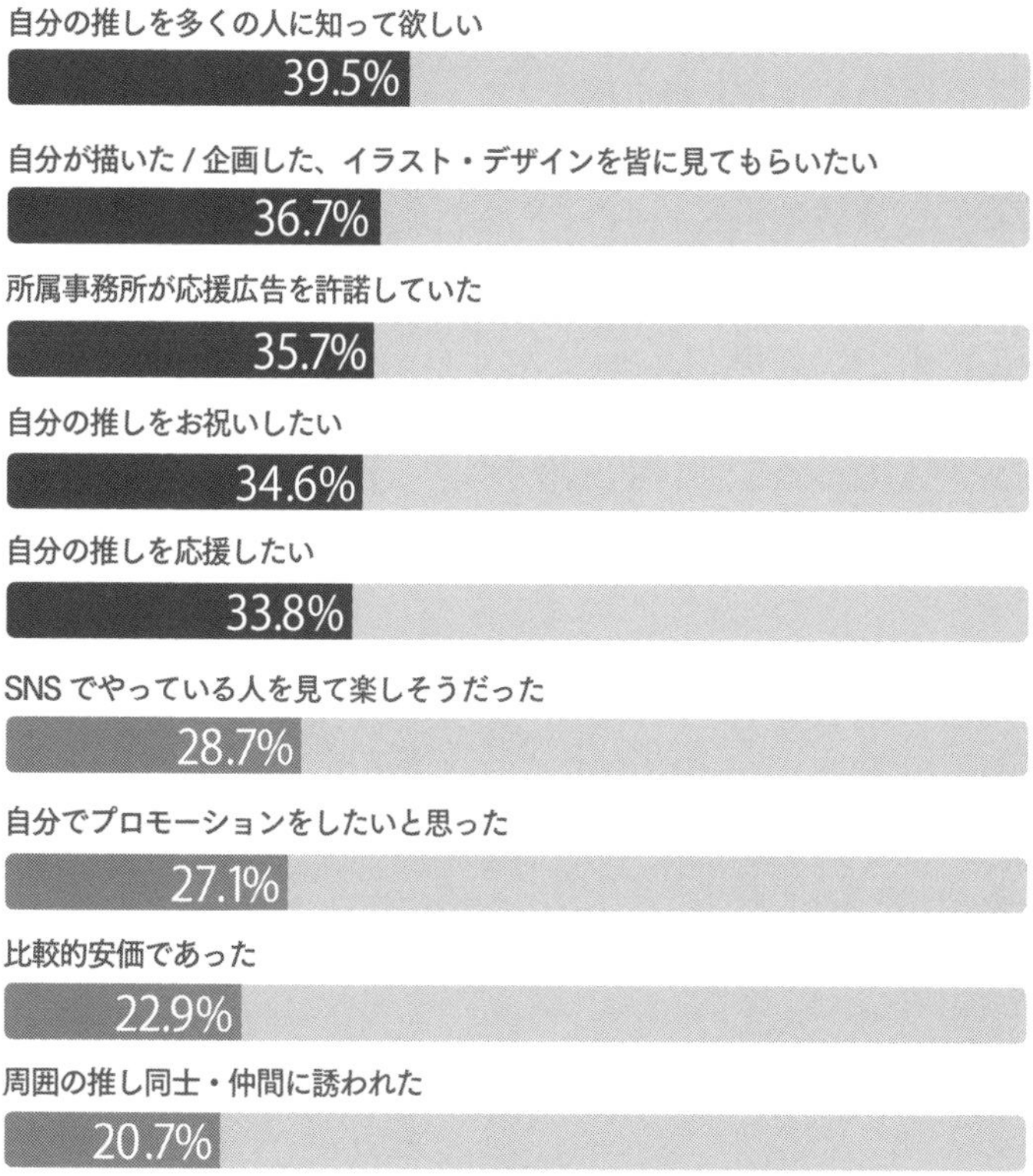

出典：ジェイアール東日本企画 Cheering AD 提供資料より作成

推しの歴史

今様々なところで聞く「推し」という言葉は、私の父や母の世代（50代）に聞くと「昔はそんな言葉なかったのにな」と話されることがある。

しかし、2020年には「推し」をテーマにした小説『推し、燃ゆ』が芥川賞を受賞し、NHKのグローバル現代が「推し活」についての特集を行うなど、現代社会の特徴を話す中で「推し」は無視できない存在になってきている。

現代社会でここまで大きな影響を持ち始めている「推し」という言葉や考え方はいつ生まれたのだろうか。

そしてなぜこれほどまでに、現代社会で大きな存在になっていったのだろうか。

推しの概念が生まれた１９８０年代

推しという言葉の誕生は１９８０年代に遡る。１９８０年代はいわゆる女性アイドル全盛期といわれる時代で、松田聖子や中森明菜、薬師丸ひろ子といった数々の女性アイドルたちがデビューを果たし、「ザ・ベストテン」などの歌番組を中心に活動、お茶の間を賑わせていた。

この数多くの女性アイドルたちの中で「私は松田聖子が好き」「俺は中森明菜派」などといった派閥が生まれていた。こうした数多くのアイドルたちの中で「**みんないいけどその中で私が特別に好きな人**」**という意味の**「**推し**」**の考え方**が生まれていったとされている。ただ、この頃「推し」という言葉はまだ使われるというところまで来ておらず、「推し」という考え方が人々の中で潜在的に生まれていったレベルであったといえるだろう。

女性アイドルグループが一般化した「推し」の考えと単語

その後2000年代に入ると時代は「モーニング娘。」が生まれたことにより、ソロアイドルの時代からグループアイドルの時代へと変化していった。

この頃、「ひろゆき」の名前で知られる西村博之が立ち上げた匿名掲示板「2ちゃんねる」が「モーニング娘。」のファンたちの交流の場として日常的に使われるようになった。

「モーニング娘。」がグループアイドルであったということもあり、ソロアイドル全盛期の時代よりも、グループの中の誰が好きなのかという「推し」の考え方が色濃くなっていた。また、「2ちゃんねる」という場ができたことによって、「グループの中で誰が好きか」という話題で他のファンと交流できるようになり、「推し」という言葉を使う女性アイドルのファンが増えていったと考えられる。

「モーニング娘。」のファンの中には、のちにAKB48として活躍する指原莉乃や柏木由紀がおり、彼女らもバラエティー番組などで「『モーニング娘。』の中でも特に好きなメンバー」というトピックを語る際、「当時推していたのは〜」という文脈を使っている。

このことからも、この時代に「推し」という考え方がアイドルオタクの中で浸透していたのは間違いないといえるだろう。

徐々に色濃く、アイドルファンの中で浸透していった「推し」という考え方が決定的に一般化したのは、アイドルグループ「ＡＫＢ48の人気」と、その人気を支えた「ＡＫＢ48選抜総選挙」の存在であったといえるだろう。

２００９年に第一回が実施された「ＡＫＢ48選抜総選挙」は、ファンの投票によって次回のシングルの楽曲を歌うメンバーとそのポジションを決定する企画であり、メンバーを多く持つアイドルグループという特性を活かした、ファンによるメンバー人気投票企画であった。

このファン参加型投票イベント「ＡＫＢ48選抜総選挙」の人気は凄まじく、

2013年にフジテレビ系ゴールデンタイムで放送された「AKB48 第5回選抜総選挙 生放送SP」は最高視聴率32・7%を記録した。

当時、イベントへの投票権を求めてAKB48のファンクラブに入る人や、CDを大量購入する人が急増するなど、自分の好きなメンバーの人気を押し上げるために「行動を起こすファン」がすごい勢いで増えていった。また、テレビメディアで「AKB48」や「総選挙」の内容が取り上げられるようになったことで、「グループの中で特に好きなメンバーを選ぶ」という「推し文化」が一般の人々の間にも広まっていったといえる。

実際、当時小学生だった私の学校でも「私は大島優子推し」などといった、AKB48の中で誰が好きなのかを「推しメン」という言葉を使って表現することが増えていった。この頃、クラスの子たちがAKB48の「推しメン」について話すので、私もAKB48を見るようになり、その中で私の人生初めての「推し」篠田麻里子と出会う。当時は「推しメンがいないとみんなの話についていけない」と小学生の私が思っていたほど、「推し」や「推しメン」といった言葉が当たり前のように学校やテレビで使われるようになっており、それほどまでに一般化していたともいえるだろう。

こうして１９８０年代から「女性アイドルの中での特別に好きな人」を表す言葉としてつくられた「推し」という概念は、**2000年代「モーニング娘。」ファンの中での普及を経て、2010年代AKB48の爆発的な人気と総選挙から一般の人々へと普及していった。**

アイドル以外に対しても使われる現代の「推し」という言葉

しかし、この「推し」という言葉はＡＫＢ48の国民的ブームの収束後、また意味を変えて２０２０年代に使われるようになる。

それがアイドル以外に対して使われるようになった「推し」という言葉と、応援する活動を総称して呼ばれるようになった「推し活」という言葉の登場である。

「推し」という言葉がアイドル以外の対象によって使われるようになった大きな理由の一つが、2014年に日本でのサービスを開始したInstagram の登場である。Instagram は、自身の生活や好きなものを写真と共にSNS上で表現する活動を社会の中に生み出した。例えば、24時間で消える投稿「ストーリーズ」機能によって多くの若者たちが気軽に、日常的に、「休みの日に友達と行ったお洒落なカフェの写真」「自分の家のかわいい犬」「好きなアイドルのコンサートで買ったグッズたち」など、自分の好きなもの・楽しかったことなどを投稿するようになっていった。

「#（ハッシュタグ）」文化も生まれ、その投稿に合わせた単語を写真と一緒に投稿するようなっていった。

つまり、Instagram は、一個人が自分の活動を写真と共に共有するオープンで気軽な「自己表現の場」をつくったということになる。

しかし、その自己表現には「写真と短い単語（ハッシュタグ）を使う」という無意識的なルールが人々の中でつくられていった。

そのルールの中で、自分の好きなもの（例えば美味しかったご飯、行きつけのお店、好きなアクセサリーブランド、自分が飼っている犬）をInstagramで表現するには、短い言葉で「好きなもの」であるということを表現しなければならない。「好きなもの」という5文字は、Instagramを使う若者たちの中でキャッチーでもなければ、トレンド感もない。

そんな中、アイドルを応援する人々の中で使われていた「推し」という言葉がどこからともなく現れ、一種のトレンドとしてアイドルのみならず「自分の好きなもの」を指す言葉として広まっていったのだ。

いつしかメディアもこの「推し」という象徴的な言葉をアイドルに限らず、「好きなもの」として再定義し、女性アイドルと切り離して街頭インタビュー等で使用するようになっていった。

2020年には、当時現役大学生であった宇佐見りん氏が「推し」をテーマに書いた『推し、燃ゆ』が芥川賞を受賞し、「推し」という概念が若者だけではなく全世代、ないしは日本の現代社会において大きな意味を持つ言葉として認識されるようになった。

その結果、今では「これ私の推しキャラクター」「あの先輩私の推しなの」「この酒蔵のお酒、推してるんだよね」といったように、アイドルかアイドルでないかは関係なく、何に対しても「好きなものを表す言葉」として「推し」という言葉がSNS上、そして日常生活でも使われるようなっている。

また、「推し」に対する好きの気持ちの中にある「私の好きなものの魅力を他の人にも知ってほしい、広めたい」「好きな対象（アイドル、アニメキャラクター、お酒、スポーツ選手など）と長い時間を共にしたい」という思いから、「推し」のために行動を起こすことを「推し活」と呼ぶようになってきている。

この推し活にも様々な種類がある。

自分の好きなアニメやドラマ、アイドルのＭＶ（ミュージックビデオ）などの舞台となった場所を訪れる「聖地巡礼」。自分の好きなキャラクターや映画、歌手をモチーフにしたフードやドリンク、店内装飾が施されているカフェ空間を訪れて楽しむ「コラボカフェ」。好きな人やキャラクターの誕生日に、ケーキの準備や部屋の装飾などをして楽しみ、その様子をＳＮＳにあげる「本人不在の誕生日会」なんてものもある。

また日本酒好きな人は、実際に好きな日本酒を造っている酒蔵を訪れて見学したり、関連グッズの購入や良さをＳＮＳで発信するなどといった推し活も存在する。

この「推し活」という考え方には、「自分の好きなものを他の人に広めたい」という感情が含まれるケースも多いことから、「推し」という言葉が「ただ単に好きなもの」というものではなく、「応援したい、支えたい対象」といったニュアンスを含むことも多くなってきているといえるだろう。

エンタメ学者として活躍する中山淳雄氏の『推しエコノミー』という本でも、コンテンツを消費するユーザーたちは「推し」という言葉が活動として何かを与える、一緒に何かをしていくという「行動」を共にする言葉として対象に対する態度や価値観の変化を表している、と語られている。

つまり、この「推し」という言葉は、もはや1980年代の「アイドルへの愛情表現」という概念を超えて、「自分が好きで情熱を注ぎ、応援したい、一緒に成長していきたいと感じるモノや人への愛情表現」といった意味を持ち、現代社会で広まっているのだ。

「ファン」は好きなもの、「推し」は人生に欠かせないもの

私が「推し」の話をしていると、多くの人からこんな質問を受けることがある。

「推しを持つ人」と「ファン」の違いって何なの？

この本を手に取ってくれた多くの人も同じ疑問を持っているのではないだろうか。

推しを持つ人とファンでは、その人の人生にとっての「**重要度**」に大きな違いが存在する。

「推し」とは、その人の様々な「**決断に大きな影響を与える存在**」なのである。

洋服を買う際、推しのカラーを意識して買い物をする。自分の気持ちがどうしても落ち込んだ時に、推し活をして元気を取り戻す。推しのイベントに参加するために仕事の有給を取る。旅行は常に推しのイベントがある場所と時期に合わせる。推しのグッズを買うために日々節約をする。推し活をしやすいように、在宅ワークが可能な職種に転職を行う人もいる。

「推し」というのは、その存在の大きさから、多くの人の生活にとって欠かせない重要な要素の一つとなり、生きていくうえでの様々な決断に大きな影響を与える存在となっているのだ。

しかしこの「推しを持つ人」と「ファン」はどちらも対象を「好き」という気持ち

からスタートしていることには変わりない。

では、何がこの人々にとっての「重要度」の違いを生み出しているのだろうか。

人々の中での「重要度」をつくる源泉となるのが、「自発的行動量」と、対象への「熱狂度」である。

まず一つ目の、「**自発的行動量**」について解説していく。

自発的行動量とは、好きな対象（アイドルやアニメのキャラクターなど）のために、どのくらい自分発信で行動しているかということである。

「推しの歴史」（34ページ）のパートでも触れたように、「推し」という言葉が生まれる過程では、アイドルや好きな対象に対してファンの人々が「行動する」という文化が生まれていった。それは「推し」という言葉と共に「推し活」といわれる、推しを応援する活動が社会で大きなブームとなっていることからも感じることができるだろう。

◆自発的行動量が低い状態

フィギュアスケーターの羽生結弦が好きなA子さんは、羽生結弦が出ている番組はつい見入ってしまい、好きな芸能人を聞かれたら「羽生結弦くん」と答えている。

◆自発的行動量が高い状態

フィギュアスケーターの羽生結弦が好きなA子さんは、常にSNSで羽生結弦の情報をチェックし、コラボ商品があれば発売開始日に買いに行く。

また職場の人にも積極的に羽生結弦の話をし、本が出れば数冊買って知り合いにも配っている。

月に一度行くネイルサロンでは、羽生結弦の衣装をイメージしたネイルデザインをお願いしている。

SNSでは、羽生結弦専用アカウントを作成し、情報発信を行っている。

ＳＮＳの登場とその日常化は、個人の「自発的行動量」を増やしやすい環境をつくっていった。Ｘ（旧 Twitter）や Instagram などを使えば、ほんの数秒で自身の好きなアイドルやアニメ、芸人について簡単に発信できるのだから、当たり前といえば当たり前である。

こうした仮説を裏付けるように、Instagram の「＃推し活」には約１００万件の推し活情報が人々によってシェアされている。

またテクノロジーの変化とその活用により、現場に行かなくとも家の中から携帯で参加できる「オンラインサイン会（Ｋ－ＰＯＰ文化ではヨントンと呼ばれる）」なども広まりを見せている。

このような現象からもわかるように、**今の時代ＳＮＳやテクノロジーを使えば、どこにいても、どんな時間でも、簡単に「応援の気持ち」「好きな気持ち」を「自分発信で」表すことができる。**こうした社会の変化も相まって「自発的行動量」が増加しているのだ。

そして何よりもまた、「**自発的行動量**」**の増加**は、**熱狂度の高まり**と比例関係があるということが脳科学の観点から証明されている。

つまり、対象に対して自ら行動する機会が増えれば増えるほど「好き」の気持ちは高まっていき、必然的に人の中での重要度が高まるのである。

そして、この「**熱狂度**」こそ人々の中で物事の重要度の高まりを支える二つ目の要素である。

熱狂度は言い換えるならば、どれだけ対象への「好きのレベルが高いのか」「愛情のレベルが高いのか」ということである。

この「好きのレベル」は、その人や対象に対する奉仕精神にも変化を表してくる。人間は好きのレベルが高ければ高いほど、「この人のために何かしてあげたい」「助けてあげたい」という気持ちから、実際にその人やモノへ行動を起こしやすくなるのである。

◆好きのレベルが低い状態（熱狂度が低い状態）

K－POPアイドルグループ「BTS」が最近気になっているB子さんは、空いている時間にBTSの情報収集を行っている。

◆好きのレベルが高い状態（熱狂度が高い状態）

K－POPアイドルグループ「BTS」が好きなB子さんは、BTSのメンバーの誕生日に少しでもお祝いの気持ちを示すために、誕生日お祝い広告の企画を自身のSNS上で立ち上げ、そこで集めた100万円前後の資金で、渋谷に「誕生日おめでとう！」と書かれた広告トラック三台を走らせた。

この好きのレベルが、「気になる・知っている」などのライトな好意なのか、それとも「この人のためになることをしたい」と感じさせる愛情に近い好意なのか。それを測る指標こそが「熱狂度」である。

繰り返しになるが自発的に行動を起こせば起こすほど対象に対する好きのレベル、つまり「熱狂度」が高まっていくのだ。

休日に「推し」の聖地巡礼を行い、「推し」グッズと共に風景の写真を撮る。寝る前の一時間を使って、「推し」をモチーフにした絵を描いてＳＮＳに投稿する。このような自発的行動量が増えるということは、それだけ対象のことを考える時間、対象のために使う時間が増えていくということを意味し、この物理的時間を対象（推し）に長く使うことによって、人々の中で自然と「ライトな好意」が「愛情」へと変化していくのだ。

「自発的行動量」の増加による「物理的時間と考えの高まり」。
そして「熱狂度の高まり」による「好きレベルの高まり」。
この二つの要素の高まりは、応援する対象の存在感をその人の中でじわじわと高め、人生における「**重要度**」を高めていくのである。

推しという存在を語るうえで大きなキーワードとなるこの「重要度」。この**重要度が高い**ということは、ビジネス的スコープを持って見ると**もう一つ重要な意味を持っている**。

それは彼ら・彼女らが「**推しの存在を広めるための活動を自ら行ってくれる可能性が高い**」ということである。自分の中の重要度が高いということはつまり、それだけ対象に対する「感情移入」が高く、その人やモノのために行動を起こしてくれる可能性が高いことを意味し

図１：「推し」を形成する二つの要素

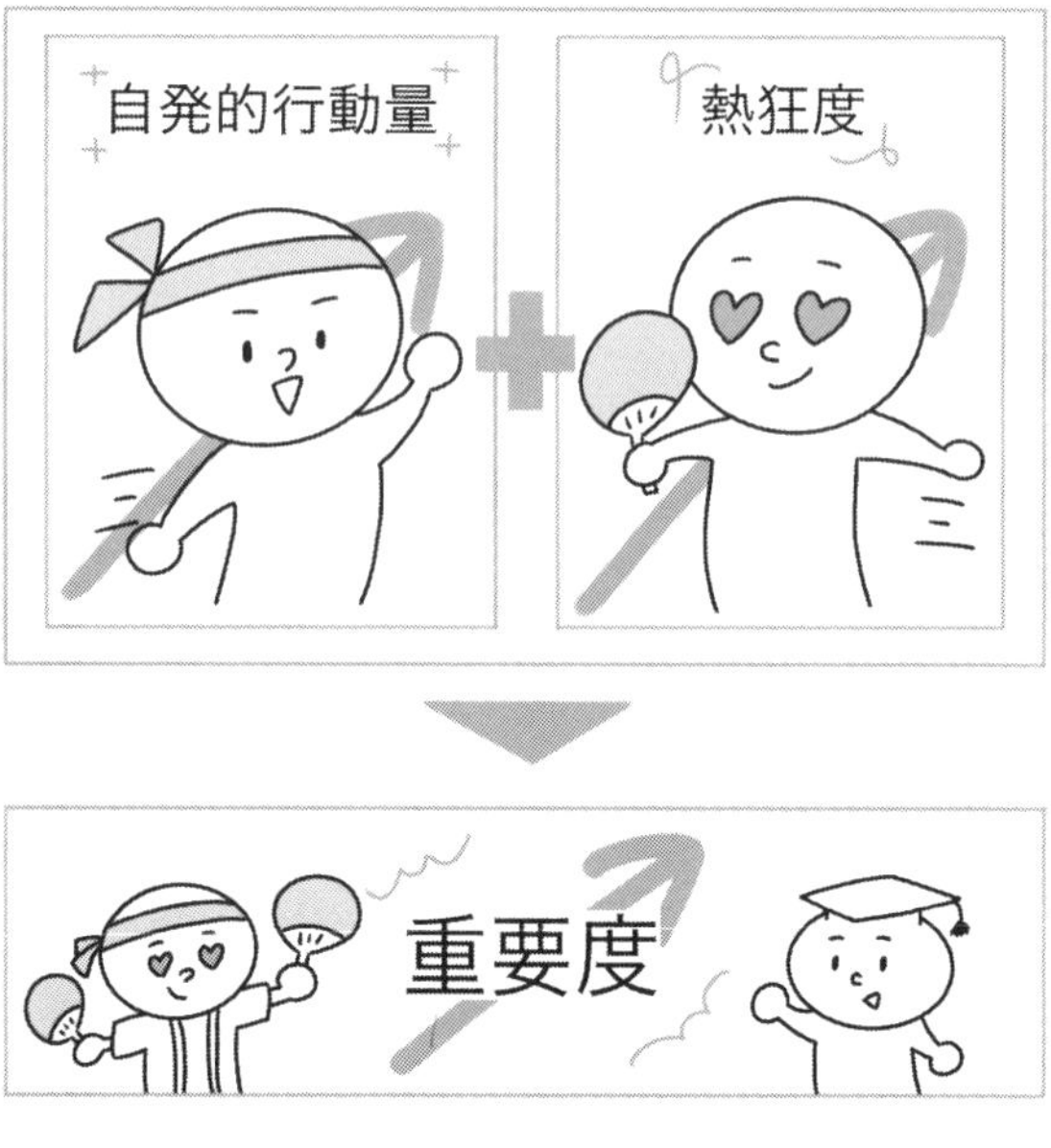

ているためだ。言い換えるならば、「推してくれる人」とは、**「第二のビジネス生産者」**ともいえるだろう。

「推しを持つ人とファンの違いって何なの？」

「推しを持つ人」

←

人々にとって、人生における対象の「重要度」が高い状態。その「重要度」を支えるのは「自発的行動量」と「熱狂度」の高さ。行動と熱狂度が高いため、様々な予定を調整し「推しのための時間」を自らつくる。「推し」の活動を応援するために節約や転職などを行い資金の確保をすることもあり、時として自ら「推し」をアピールするコンテンツをつくって世の中に発信することもある。

「ファン」

↓

人々にとって余裕がある時、応援できる時に応援する。時間がある時に、SNSやマスメディアなどで発信されている対象のコンテンツ等を楽しむ。グッズなど関連商品の購入はあまり行わず、金銭的余裕があり買いたいと思った時に購入する。

韓国で様々なヒットアイドルを生み出すことに携わってきたユン・ソンミ氏は『BIGHIT～K-POPの世界戦略を解き明かす5つのシグナル～』で韓国におけるアイドルに熱狂的な「推し」を持つ人々のことをこう説明している。

「関心と愛情はスタッフたちを凌駕しており、それぞれの特技を生かしてプロモーションをサポートしたり、プロダクションの社員のように好きなアーティストを他の人々に知らせる広報や営業活動を非公式に行ってくれたりします。ファンはこのように難しい顧客であると同時に、ありがたい同僚です。」

「運営側」と「推してくれる人たち」＝「同僚」という立ち位置こそが、不安定な情報社会での「好き」の持続性をもたらす希望を与えているといえるだろう。

日本だけじゃない！　世界から学ぶ「推し」の考え方

「推しを持つ人」の定義を「熱狂度が高く」「自発的行動量が多く」「生活における重要性が高い」とするならば、「推し」という考え方は日本という国にとどまらず、世界でも通用する考え方であるといえるだろう。事実、英語で推しを表現する際、「Kawaii」と同じように「Oshi」という日本語が英語圏でそのまま使われている。

このセクションでは、ワールドワイドなＫ－ＰＯＰ文化、世界で人気のアニメ文化、アメリカで大きな力を持つスポーツ文化の三つの視点を、私自身の海外滞在経験や社会動向を踏まえて説明していく。世界にも通用する「推し」の考え方を知っていただければ幸いである。

K－POPの広まりは世界における「推し文化」をスタンダード化する

この「推し」という考え方がいかに世界に求められ、スタンダードになりつつあるのかを裏付ける事例として、近年盛り上がりを見せている世界でのK－POP文化の広まりを紹介する。

前のセクション（28ページ）で紹介した、「応援広告」「誕生日広告」も長年韓国の中でアイドルを応援するための文化として存在していたものであるが、驚くべきことはこの「韓国アイドル応援文化」が海を越えて、ニューヨークのタイムズスクエアでも頻繁に行われているということである。

そもそも**韓国の「アイドル応援文化」は日本のエンタメ業界とは違い、昔から「ファンベース色」が強い傾向**にある。

例えば、撮影現場にファンの人々から「カフェトラックの現場差し入れ」が入ったり、

「ペンカフェ」と呼ばれるファンクラブのようなものをファン自身が運営するという文化が存在する。また、スキャンダルやアイドルに対する事務所の対応に不満がある場合は、マスターと呼ばれるペンカフェの代表のような人が事務所に対して、なんらかの声明を提出し、それに対して事務所が正式に回答する場合もある。

これらの例からもわかるように、**「韓国アイドル応援文化」には「事務所（会社）」や「テレビ局」からアイドルを活かしたコンテンツをただ受け取るだけではない「ファンが行動する」という文化が根付いている。**

つまり、**「対象に対する行動力が強い」という意味で、彼らの応援文化は「ファン」ではなく、「推し」のエッセンスが強いといえるだろう。**

こうして見てみると、世界におけるＫ－ＰＯＰの人気は、人々の応援行動にも大きな影響を与えつつあるといえる。世界でＫ－ＰＯＰが若者の熱狂の中心になったことで、他の国では見られなかった、「推し」のエッセンスを含んだ「韓国アイドル応援文化」

が世界のスタンダードになっていったのである。

アメリカでは、韓国アイドルグループBTSを応援する「BTS×50States」と呼ばれる組織が存在し、無償でBTSのSNS広告活動やオリジナルグッズの製作などをHR、デザインリサーチ、広報など、部署ごとにタスク分けしながらある意味会社のように活動している。その活動量と影響力から、彼らの活動がBTSのアメリカでのCD売上などの一端を担っているともいわれているのだから驚きだ。

また、最初にあげたニューヨークのタイムズスクエアでの誕生日広告のような例は、アメリカのみならず、日本、パキスタン、フィリピン、フランス、中国、ドバイなどでもよく見られるようになってきており、一部の国にとどまらない世界中への影響力の大きさが見て取れるだろう。

この例は、**世界の人々が、事務所やテレビ局が提供するアイドルのコンテンツを消費する「ファン」という存在から、好きなアイドルのためにお金を出し合い行動を起こす「推し」を持つ人々への変化**を表している大きな事例であるといえるだろう。

K－POPアイドルを応援する海外ファンたちが、タイムズスクエアでアイドルメンバーの誕生日に誕生日広告を出す。アイドル本人たちとSNSでの積極的な交流を行う。メンバーがプライベートで購入し身に着けている持ち物を自身も購入し、ダンスを覚えて動画を投稿する。実際に韓国の地を訪れて聖地巡礼をする。そうした人々の行動力が、大きな経済効果を生み出していくことは明らかである。

CNNは、2019年時点において、BTSをきっかけとして世界各地からやってくる韓国への旅行客増加やその他間接的な経済効果は、次の4年間で480億ドル（日本円にして5兆円超）に及ぶとの試算を発表した。

このように、好きな対象のために「行動する」ということは、世界共通文化として浸透しつつあり、K－POPの広まりはそのきっかけであるともいえるだろう。

世界で「推し」の応援エッセンスが広がっている今、自分のビジネスを「推し化」することは、世界の顧客をつかむという意味でも大切にすべき考え方である。

海外の人々の熱狂がつくった、日本アニメの人気

世界における日本のアニメ人気の勢いは凄まじい。

私自身、アメリカの田舎街で高校生活を送っていた頃、現地の子から『Attack on Taitan（進撃の巨人）』や『Death Note（デスノート）』について、積極的に話しかけられ、現地の映画館に行けば様々な映画の中で唯一『My Hero Academia（僕のヒーローアカデミア）』が全上映回満席になるのを目の当たりにするなど、海外での日本アニメの人気を実感していた。それを裏付けるように、2010年代の序盤には2500億円程度だった日本のアニメ市場規模は、現在1兆3134億円といわれるまでに成長している。

例えば、中国で公開された『すずめの戸締り』は、現地での興行収入が150億円を突破。アメリカで公開された『鬼滅の刃』も2億円の興行収入を叩きだし、外国語映画オープニング興行成績歴代一位に輝く成績を残した。これらの例からもわかるように、全世界において日本アニメの影響力がとどまることを知らず拡大しているのだ。

ではなぜ、こんなにも海外におけるアニメ市場が急速に拡大したのか。

それはまさに、アニメ作品やアニメキャラクターを愛する海外の「アニメ推し」の人々の力が大きいといえるだろう。

海外での「アニメ・アニメキャラクターに対する熱狂」と「アニメ推し」の拡大をひも解くために、海外でアニメを配信する配信事業者「クランチロール」の成長を覗いていきたい。

「クランチロール」は、現在アメリカ・ヨーロッパを中心に世界200以上の国と地域で日本のアニメを中心に配信を行う映像配信事業者である。サービスは2021年に有料会員数が500万人を突破、同年にはソニーピクチャーズ傘下の米法人・Funimation Global Group が11億7500万ドル（日本円で当時約1222億円）で買収している。

2010年代までの世界における日本アニメビジネスの立ち位置は、「ニーズはあるが小さく、ニッチな市場（儲からない市場）」であった。そのため、日本のアニメを海外の人が正規の方法で視聴するのは物理的に不可能であり、もし配信されたとしても本数がとても少なく、配信まで半年以上も待たなければいけなかった。そのためアニメを愛する人たちは、非正規ルートである海賊版サイトで日本のアニメを視聴する状況が長年続いていたのだ。

しかし海賊版という違法な手段で、罪悪感を背負ってでも「日本のアニメを見たい！」と思う熱狂的なコンテンツファンは多く存在しておりその視聴者数はどのサイトにおいても鰻上りであったという。

そんな中、欧米のファンにより「日本のアニメをどうしても見たい！」「自分の好きなアニメを別のアニメファンにも伝えたい」という人々が、自ら字幕を付けた日本アニメを違法にアップロードし、人々がそれを視聴する文化が広まりを見せた。その中でも字幕付き海賊版アニメ、通称アニサブ動画が多くアップロードされていたのが「クランチロール」のサイトであった。

今では映像配信事業者としてアニメ業界で大きな役割を果たすこの会社であるが、

２００６年の創業当時は昔のYouTubeやニコニコ動画のように、日本アニメの違法アップロードが後を絶たない映像プラットフォームであった。

つまり「クランチロール」は創業当初、日本アニメの海賊版を中心にビジネスを行っていたのである。

当時の「クランチロール」の経営陣は、サイトでの海賊版アニメの視聴者数・視聴数が他の動画コンテンツに比べて圧倒的に高かったと語っている。

それに加えて米国では、当時正規ルートで見ることのできるアニメ作品が少数であったのにもかかわらず、アニメ好きによるFacebookコミュニティが次々とつくられ、多くの人がそのコミュニティに所属する流れがあった。

また、人々が自らグッズを作る、アニメのために日本語を勉強するなどの流れもあり、「クランチロール」の経営陣は、日本のアニメはもはや「ニーズはあるが小さく、ニッチな市場（儲からない市場）」ではなく、「大きなビジネスチャンスがある市場」であると捉えたのだ。その後、海賊版の動画削除を徹底的に行い、日本のアニメ会社から利権を買うことで、「クランチロール」は合法的な有料のアニメ配信サービスへと変化していった。

「クランチロール」は今や、海外における日本アニメ需要に応える大きなビジネスに成長したが、彼らの今のビジネスを成立させたのは「日本のアニメが好き」「日本のアニメを広めたい」と願う熱狂的な応援者たちの存在があったからだといえるだろう。

法的にはNGでありながらアニサブ動画を作り続けた人々、アニメのコミュニティをつくり愛を語り続けた人々、公式グッズが手に入れられないならと自分でグッズを作りSNSでシェアした人々。正式な方法がないならと自分たちで日本アニメに対する「好き」を突き詰めていった人々による「熱狂的な行動姿勢」が、正規でのアニメ視聴環境を整わせていったといえる。

この例は「推しを持つ人」の特徴である「熱狂度」と「自発的行動量」の高まりがわかりやすく見られる例である。応援したいけど環境が整っていなかったため、自分でグッズを作る。自分でコミュニティをつくる。自分でアニメの良さを広めるために日本語を勉強し、アニサブを作る。**彼らはこうした「好き」をもとに「自発的行動」をどんどん起こしていったことで、より自分の中でアニメやアニメキャラクターに対する「好き」の気持ち（熱狂度）を高めていった。**

これこそまさにアニメ・キャラクター「ファン」から「推す人」へのトランスフォーメションを表している。

何度も言うが、今の海外における日本アニメの人気は、自分たちで行動を起こし「好き」を拡大、共有させていくという無意識の中で生み出された高い「熱狂度」と「自発的行動量」の形成によりつくられた「推し文化」から生まれているといえる。

こうしたアニメの「推しを持つ人」の戦いは今でも世界各国で行われており、実際に大きな影響を生み出している。

２０１９年に日本で新海誠監督作品『天気の子』が公開されると、インドでは現地の熱狂的なアニメファンたちがインドでの劇場公開を望み署名活動を開始し、5万5000筆以上の署名を獲得。こうした活動が遠く離れた日本の映画会社「東宝」へと繋がり、日本公開から約3ヶ月でインド約20都市での映画公開が決定した。

またサウジアラビアの皇太子は、大の日本アニメ好きとして知られ、日本のアニメ会社と協力し、アニメ映画『ジャーニー』の制作を行い、また2016年に発表された経済改革策では、アニメ、漫画、エンタメといった産業に大きな比重が置かれることとなった。

このように世界に広がる日本のアニメ文化の源泉を辿っていくと、いかに行動力を持った熱量のある「推しを持つ人々」が、マーケットにおいて大きな影響力を持ち、ビジネスという側面で大きな味方になりうるかが垣間見えるだろう。

アメリカスポーツは「推し」の考え方で稼ぐビジネス上手

サッカーや野球、テニスやバスケなど、世界共通で人々が熱狂するのがスポーツである。

特にアメリカはNBA（バスケットボール）やNFL（アメリカンフットボール）、MLB（野球）などの大きなリーグを本場に持ち、土日のレジャーに当たり前のようにスポーツ観戦があげられるなど、人々にとって身近な存在である。

アメリカスポーツビジネスを見てみると、**人々の「スポーツに対する熱を高めるための施策」を上手く行うことで「ファン」から「推してくれる人」へのトランスフォーメーションを進めている**ことがわかる。また、アニメやK－POPとは違った特徴として、「推し化」の先の「マネタイズ（収益化）」のための環境づくりの上手さがあげられる。この二つについて、アメリカのスポーツビジネスの中身を覗きながら考えていきたい。

まず、アメリカにおけるスポーツの経済規模は、2020年時点において約1226億ドル（日本円で約14兆円）。これは世界においてもトップクラスの数字である。それは、同じ年の日本のスポーツの経済規模が3兆円であったことからもわかるだろう。

この違いがどこから生まれるのか考えてみると、「ファン」から「推してくれる人」へのトランスフォーメーションのための施策があげられる。アメリカにおけるスポーツビジネス市場は、競技やチームと好きでいてくれる人たちの間の「絆」づくりを通して、既存のファンを熱狂的なサポーターに変えるための取り組みをSNSを通して行ってきた。

例えば、NBAの「フェニックス・サンズ」では、2015年という比較的早い段階でチームにデジタルファンクラブである「Club Orange」を設立。会員メンバーはSNS投稿のリポストなどでポイントを貯め、そのポイントで選手のサイン入りグッズを購入できるなど、クラブを好きでいてくれる人との「双方向性」を意識した施策を打っていた。

また、「ヒューストン・ロケッツ」も同時期に「ソーシャル・メディア・ナイト」と呼ばれる、選手をＳＮＳ上でフォローしている人のみが参加できる、選手との試合後のミニパーティーを開催していた。

このようにアメリカスポーツでは昔から、スポーツに興味のない人や、自身のチームに対して関心がない人に対してではなく、あくまで「今」チームやスポーツを好きでいてくれる人に向けて、双方向を意識した施策を打つという特徴がある。好きでいてくれる人たちのチームや選手に対する「好き！」「応援したい！」という気持ちを行動で示しやすい環境を整えるために、チームの担当者は様々な施策を考え、実行する。こうすることで、単なる「好き」という受動的な「ファン」感覚から、このチームのためにできることをしたいという、行動的で能動的な「推してくれる人」という存在へと変化を促す環境づくりが行われている。

次に紹介するのは、「マネタイズ（収益性）のための環境づくりの上手さ」である。アメリカのスポーツビジネスは、チームや選手に対する好きを高め、「推し化」後のお金を生み出すビジネスへの変化力が強い。

例えば、ＦＮＬ（アメリカンフットボール）には「年間シート制」という制度がある。これは、応援しているチームのホーム戦の一シートをファンが年間契約で買い取ることができる制度である。こうすることで、ファンは応援チームのホーム戦全試合の席をあらかじめ確保することができ、スタジアム側は安定的な利益を見込むことができるのだ。

また、アメリカではカレッジスポーツ（大学生スポーツ）の収益化もキーワードに繋がる大きな事例である。ＮＣＡＡ（全米大学体育協会）と呼ばれる組織が、大学スポーツ全体の運営や管理を行い、マーケットにおける収益性の確保・向上を行うことで、アメリカ大学スポーツにおいて約８０００億円（２０１０年時点）の収入を生み出している。

２０２２年、アメリカプロ野球エンゼルスに所属する大谷翔平選手のＮＦＴ画像の発売が約10万ドル（日本円で約１１５０万円）で取引された。これらの例を見ても、アメリカにおける「スポーツ」は、もはや社会の経済を回す大きな影響力を持っている。

アメリカのスポーツビジネスは、スポーツの応援をしやすい「ビジネス」環境づくりが上手く構成されているマーケットであるといえる。約１２２６億ドル（日本円で約14兆円）という経済規模からみても、アメリカのスポーツビジネスからチームや選手を「推し化」するための施策づくりと、その先にある収益化のための環境づくりの大切さ感じ取ることができるだろう。

「ファン」を「推し」に変えるシステムづくり

「コア」と「サテライト」の循環が「推してくれる人＝物事を一緒につくってくれる応援者」を作り出す

自社の持つ製品やサービスに対して「推してくれる人」を得るためには、人々にとっての「重要度」を上げる必要があり、その重要度を支える「自発的行動量」と「熱狂度」がいかに大切であるかは理解いただけたであろう。では、人々の「自発的行動量」と「熱狂度」を引き上げるために会社側・制作側は何をする必要があるのだろうか？

それは商品やサービスそのものである「コア」という要素と、その周りを支える活動を示す「サテライト」という要素を繋ぐビジネス構造を作り出し、人々がその構造を楽しめるような環境を整えることが必要なのである。

つまり人々にとって推す対象である「コア」の要素がいかに「応援したい！」と思

える存在であるか。そして、人々の中に芽生えた「好き」の気持ちの増大や継続を促すために、コアの周りで行われる施策・活動を指す「サテライト」が充実しているか。この二つの要素を顧客が行ったり来たりできる環境が整っているか、ということが重要である。

そもそも「コア」ってどういうこと？「サテライト」って何？と感じる人のために、もう少し具体的に国民的アニメ『ＯＮＥ ＰＩＥＣＥ』のキャラクター「ルフィ」を使って「コア」と「サテライト」について説明する。

漫画『ＯＮＥ ＰＩＥＣＥ』の主人公「モンキー・Ｄ・ルフィ」は明るく、能天気だけど仲間を思いやる熱い思いを持ったキャラクターとして、誰もが知る国民的なキャラクターである。漫画やアニメの中で見せる「なんでか嫌いになれない、愛され力」を持つルフィのキャラクター性、つまりは「応援する対象」になる要素こそ、ここでいう「コア」の部分にあたる。

一方で漫画やアニメでのストーリーづくり、キャラクターづくりとは別に、ルフィのキーホルダーやフィギュア、Tシャツなどのグッズを作って販売する。アニメでルフィの声を担当している声優・田中真弓《たなかまゆみ》をはじめとするアニメキャラクター声優陣が集まり、漫画の名台詞を叫ぶイベントを開催する。ルフィを生み出した漫画の作者・尾田栄一郎《おだえいいちろう》が描いた原作カラーイラストや実際に漫画が描かれているデスクが再現されたものを見ることができる展示会を開催する。ユニバーサル・スタジオ・ジャパンとコラボし、ルフィとその仲間たちをモチーフにしたレストランを開店し、キャラクターをモチーフにしたフードを販売する。

これらは全て、漫画・アニメで表現されている「ルフィ」というキャラクターを使用し、「ルフィを好きな人たちに喜んでもらう」もしくは「まだ知らない人たちに知ってもらう」ことを目的とした活動である。これこそが、人々の対象に対する「好き」を生む導入であり、また元々ある「好き」の増大・継続を促す二次的活動である「サテライト」だ。

このように本書では、応援しているモノ・人の存在のことを「コア」と呼び、「コア」の周りに派生する二次的活動や要因を「サテライト」と定義する。

図２に描かれるように、人々はこの「コア」と「サテライト」を行ったり来たりすることで、対象に接する時間を増やし、「好き」という気持ちの種を生んだり、「好き」という気持ちを強くさせていく。

私の考える「推しがいるビジネス構造」＝「推し活経済」とは、まさ

図２：「応援される核」と「継続を促すサブ要素」

に「コア」と「サテライト」を上手く作り出し配置するということである。

そのために、私たちが何か一つのものに「推してくれる人」をつくりたいと思うのであれば、以下の三つを行う必要がある。

①「応援したい！」と人々に思わせる「応援されるコア」の形成
②コアへのタッチポイント（関わる機会）である「導入と継続のサテライト」の形成
③二つの要素を簡単かつ自然に移動できるような導線の形成と、導線を崩さないための注意

この三つのステップを自らの製品・サービスに置き換えて考え、実装していくことで人々は受け身的である「ファン」という存在から、唯一無二の「推してくれる人（行動的な応援者）」へと変化していくのだ。

人々が「応援したい！」と考える「コア」に必要な要素

「推してくれる人（行動的な応援者）」をつくるうえで**大切な要素の一つ「応援されるコア」を手に入れるためには、人々に「この人（モノ）を応援したい！」と思わせる必要がある。**

情報が溢れる現代において、わざわざ人が一人もしくは一つの物を「推したい！応援したい！」と思う時、それらにはどんな共通した特徴があるのだろうか？

私が今まで推し活を極める中で感じた「応援される人（モノ）」の条件は三つである。

①　一生懸命で誠実

②　ブレない芯もしくは世界観を持っている

③　完璧ではないこと

大きな「推しコミュニティ」を持つ人やモノは、必ずと言っていいほどこの三つを持っている。

ではなぜ、この三つが人々の応援したい気持ちを揺さぶるのか、一つ一つ説明していく。

①一生懸命で誠実

一生懸命で誠実であるというのは、自分の意見を主張しないで、相手に気を遣い続けるという意味では決してない。**「常に素直で、何事にもその人なりの全力を出す」**ということである。

例えば、テレビ番組「はじめてのおつかい」で、人見知りの子どもが両親との約束を果たすために一人で頑張ってお肉屋の店員さんに話しかける姿に私たちは感動する。

人はこうした完璧ではなくとも、誰かのために、何かのために一生懸命に物事に取り組む姿に、自然と人間の奉仕の心が刺激され、「応援したい」と感じるようになる。

事実、「推すことをやめる」（自身の応援している対象に対する応援活動をやめる）理由のほとんどが、スキャンダルなどで仕事の関係者や好きでいてくれる人への誠実さや真剣さを感じられなくなってしまったから、とか、運営の仕方に好きでいてくれる人々への誠実さを感じられなくなったから、などである。

注意すべきは、この一生懸命さや誠実さはどんなに表だけ取り繕おうとしてもバレてしまい、ネガティブな方向に働くという点である。

全力になることを怖がらず、素直に一生懸命に、関わる人々に愛を持って（誠実性を持って）行動することが、人々の「支えたい」という奉仕心を刺激し、人々の「応援したい」という感情に繋がっていく。

②ブレない芯もしくは世界観を持っている

「ブレない芯」もしくは「世界観」とは、言い換えるならば「**どんな状況においても貫く個性を持つ**」ということである。

人が「推しを推し始める」時、たいてい「あ、これは、はまってしまう」と感じる瞬間があるという。ということはその瞬間、人々は「その人にしかない」「そのモノにしかない」唯一無二の魅力を見出しているということになる。

その瞬間に感じた「あ、これは好きになってしまう。はまってしまう」という思いを逃さず、「やっぱり他とは違う」と感じさせ満足感を与え続けるには、常にそのイメージを壊さない個性を貫く行動をとっていく必要があるのだ。

つまり、「他と違うことを恐れず」その個性をどんな場面でも貫く一貫性を持つことで、「応援したい」という感情を刺激するだけでなく、「応援し続けたい」「より人々や世間に知ってもらいたい」と、人々の応援行動を大きくしていくことに繋がっていく。

③完璧ではないこと

情報が溢れる現代において、「完璧である」はイコールとして「人々にスルーされる存在」であることが多い。

「ダンスもできて、喋りも上手で、いつもさらっと仕事をこなすアイドルやアニメのキャラクター。」

「ダンスは上手でクールなのに、普段の会話は少し天然で、少しドジなところがあるアイドル。いつもクールで何でもこなすアニメのキャラクターが、実はお化けや暗いところが苦手。」

前者と後者では、私の感覚的に後者のほうが人気を獲得しているケースが多い。これは世にいう「ギャップ」の効果である。人はギャップの中にある「足りない部分」に魅力を感じやすい。そしてこのギャップは、人間の「他人のために何かすることで大きな喜びを得る」という本質を刺激する。

つまり、**情報が多い今、見える部分を変に取り繕って綺麗で完璧であるよりも、できないところ、苦労しているところ、上手くいかないところを人々に積極的にシェアすることで、人々の中にある「支えたい」という気持ちを刺激するほうが、人々の「応援したい」という感情に繋がっていくといえる。**

応援されるコアを支える「サテライト」とは

「サテライト」というのは、人々の「好き」という感情を大きくさせ、「推してくれる人」を飽きさせないための重要な要素である。

つまり、サテライトは「推し」を引き立たせ、顧客と「一緒にビジネスをつくる関係性」を築くうえで大切で欠かせない存在であるということだ。

このサテライトの重要性は、国民的アイドルグループの「嵐」から学ぶことができる。彼らは本業で見せる、歌って踊る「アイドル」という仕事以外にも多くのジャンルの仕事に挑戦していた。バラエティーやお笑い、俳優などの活躍はもちろん、個展の開催やニュースキャスター、舞台俳優としての挑戦など、様々な分野でサテライト的な活動を絶えず行っていた。彼らの本業で見せるプロフェッショナルさと「サテライト」で見せるまた別の顔。この相互作用が、「好き」を増幅させ、「推してくれる人」を飽きさせない良い循環を生み出していったといえる。

また「**サテライト**」は、「**応援されるコア**」**に辿りつくための入り口のような役割**も果たす。

国民的な人気を獲得した「嵐」は、メンバーの松本潤が出演していたドラマ『花より男子』が高視聴率を叩きだして、それをきっかけに「嵐」というグループと彼らが行っていたアイドル活動に光が当たり始めた。

世界的大ヒットとなったK－POPグループBTSも、最初の注目は楽曲やダンスではなく、X（旧Twitter）において頻繁に行われていたメンバーによるSNSの更新であった。それまでのK－POPグループの慣例では、SNSは事務所が管理し、スタッフが宣伝活動を行っていたが、その形を破りアイドル本人がSNSの更新している。しかも、宣伝以外の日常的なこともつぶやいている。こうしたことが一部の海外のK－POPを好きな人たちの間で話題となっていった。また1週間に一度更新されていた「Run BTS!」というバライティー番組を通して、舞台の完璧な姿とは違う一面を見せていったのも人気が長続きしている要因だといえる。

このように「サテライト」を充実させることで、顧客のタッチポイントを増やし、「推してくれる人」を飽きさせずに様々な魅力を押し出していく。「推してくれる人」「まだ推してはいないが興味を持ってくれている人」に飽きることなく長期にわたり応援してもらうためには、応援されるコアとサテライトを行き来できる環境をつくり、「推し」と関わる時間を増やすことが重要なのである。

第２章

推しの思考には、
ビジネスで使える
要素が溢れている

Chapter2

推しの思考には、ビジネスで使える要素が溢れている

第1章を受けて、「推し」という存在が身近ではなかった人も「推し」という存在への理解が深まり、少しは身近な存在に感じてもらえているだろうか？

この第2章では、第1章で少し抽象的であった「応援されるコア」そして「サテライト」の部分をもう少し具体的に、実際のエンタメ事例に当てはめながら考えていく。

以下がこの章でカバーする五つの「なぜ」である。

- なぜPRODUCE 101は知名度の低い練習生にファンをつくることができるのか
- なぜスーパーの100円に渋る人が、コラボカフェの1800円は喜んで払うのか

・なぜ「応援上映」は人々の足を繰り返し映画館に運ばせるのか
・なぜ一般人のYouTuberが３００万人のフォロワーを獲得し、テレビ出演タレントは10万人のフォロワーの獲得に苦戦するのか
・なぜBTSのメンバーがほとんど出演しないイベントに、世界から40万人もの人が集まったのか

第2章は、この本の第1章を読んでくれたあなたはもちろん、第1章は読んでいないがテレビやアイドル、YouTubeなど、エンタメが好きな人、実際に「推し」という存在が身近な人にとっても多くの学びがある内容である。

また、ここで書かれている事例から学ぶ「推してくれる人をつくる要素」は、第3章の一般のビジネスにおける「推してくれる人をつくる要素」にも大きく繋がってくる。

ぜひ第1章の内容や、自身の「推し活」を思い浮かべながら、そして第3章へとどう繋がるのかを考えながらこの第2章を読んでもらえれば幸いである。

なぜPRODUCE 101は知名度の低い練習生にファンをつくることができるのか

第1章を読んでくれた人の中には、**「応援されるコア」の三要素、「①一生懸命で誠実、②ブレない芯もしくは世界観を持っている、③完璧ではない」を持つ存在とは、具体的にどんな存在なのだろう？　という疑問**が浮かんできているのではないだろうか。

今回は韓国と日本で大きな熱狂を生み出したアイドルオーディション番組「PRODUCE 101」を例にとって考えてみる。

「PRODUCE 101」は、2016年に、韓国の音楽専門チャンネル「Mnet」で放送が開始されたサバイバルオーディション番組である。様々な芸能事務所でアイドルを夢見る練習生101人が集結し、合宿を通してグループでのパフォーマンスや個人での評価を経験しながら成長していく。その成長過程をドキュメンタリー形式で放送し、最終回では視聴者の人気投票によって実際にアイドルとしてＣＤデビューするメンバーを決定する。

韓国ではこの番組が社会現象となり、後続シリーズとして作成された「PRODUCE 48」では、元ＡＫＢ48の宮脇咲良、矢吹奈子、本田仁美が韓国で「IZ*ONE」というグループでデビューを果たした。

日本や中国でもリメイク版が制作・放送され、日本では２０２２年に紅白出場を果たしたＪＯ１を輩出。

中国版で番組最終順位２位に選ばれデビューを果たした日本人練習生「サンタ」は、中国版Ｘ（旧 Twitter）である Weibo で３００万人以上のフォロワーを誇り、２０２３年４月時点で元ＳＭＡＰの木村拓哉のフォロワー数（約２５０万人）を抜くほどの人気を獲得している。

今回例にあげる PRODUCE 101 は韓国や世界で社会現象と呼ばれるほどの人気を獲得した大人気サバイバルオーディション番組であるが、なぜこのシステムがここまで人々の注目を集め出演者の人気を高めたのかを分析してみると、やはり「応援されるコア」に必要な「①一生懸命で誠実、②ブレない芯もしくは世界観を持っている、③完璧ではない」の三要素を見事にコンプリートしていたことがわかる。

実際に三要素とマッチしていたのは次のような点だ。

①一生懸命で誠実
――いいステージのために真剣に練習し、アイドルという夢を切実に追いかける姿をドキュメントする

番組内では、定期的にコンセプト評価と呼ばれる、練習生たちによるステージ披露がある。メンバーたちはグループを組み、どんな表情や仕掛けをすれば他のグループよりいいステージになるのか、朝から夜まで考え練習する。時にはグループで上手くいかず、不穏な空気が流れることもある。
PRODUCE 101では、そんな姿もドキュメンタリーとして包み隠さずに放送する。視聴者は、その「いいステージをつくるため」「アイドルとしてのデビューをつかみ取るため」の練習生たちの努力を画面越しに見守っているような感情になる。その中で

いつしか、「こんなに頑張っているなら、デビューさせてあげたい！　応援したい！」と感じるようになっていくのだ。

また、応援している練習生たちの生き残りをかけた「中間人気投票」では、一人一人が応援してくれる人に向けて思い思いに感謝の気持ちを伝える。この際のコメントで、自分が見守ってきた練習生から「投票してくれてありがとうございます。これからもより良い姿を皆さんにお見せできるように常に努力していきます。ありがとうございます」のような誠実性溢れるコメントを聞くことで、人は「応援していてよかったな」と満足感を得ていくのだ。

②ブレない芯もしくは世界観を持っている
——１０１人それぞれが公式 YouTube で個性を爆発させる

番組に参加する練習生１０１人は、アイドルデビューのための熾烈《しれつ》な競争下に置かれる。

デビューメンバーに入るために、どうしたら自分が目立つのか、視聴者の目にとまるのか、100人あまりのライバルがいることで「個性」の発揮を余儀なくされるのだ。

PRODUCE 101 JAPANのシーズン1で練習生として番組に参加したHICOこと、今西正彦《いまにしまさひこ》は、番組公式YouTubeに掲載される個人の動画で彼にしかできない個性を爆発させ、熱狂的な推しコミュニティを築いていた人物だ。推してくれる人を「織姫」と呼び、かわいいキャラクターでありながらダンスでは高いスキルを見せた今西正彦は、初めの人気投票から高い順位を獲得していた。彼を推す人は、他のメンバーを推す人よりも番組序盤の段階から熱量が高く、SNSでその世界観に応援を表明、普及を促す人が多く存在した。

番組はこうした101人全員が持つことのできる個人動画公開の機会を与えただけでなく、番組内で「姫ビジュアルセンター」を決める企画などを採用し、練習生それぞれの個性を視聴者が発見するための仕掛けを多く準備した。そうした効果もありPRODUCE 101では必ずといっていいほど、練習生一人一人に熱狂的な「推してくれる人」が付く。

事実、番組の人気投票の結果デビューとならなかったメンバーであっても、「推してくれる人」の声に応えて、番組終了後にデビューするケースが多くある。

③完璧ではないこと
――アイドル練習生という技術面で完璧ではない存在をメインの出演者にする

出演者となる101人のほとんどはアイドルとしてデビューする前の段階であり、ダンスや歌といったスキル面の未熟さを感じる参加者も多い。例えば、韓国で放送された番組のシーズン2で、見事ボーイズグループ「Wanna One」としてデビューしたライ・グァンリンは、番組参加当時練習生期間3ヶ月という状況の中、初めて評価を受けるステージで基礎ダンスと呼ばれるトレーニング用のダンススタイルを披露した。しかし、こうした「完璧ではない姿」が人々の「応援してあげたい」という気持ちを刺激し、そうそうたるダンス・歌の実力者の中、中間の人気投票ですでに9位を獲得する人気を誇っていた。

このようなまだアイドルの卵という、ある意味一般の人と芸能人の境目にいるような、「完璧という言葉からは少し離れている存在」を番組のメインの登場人物とすることで、人々の「応援したい」気持ちを増大させていったのがPRODUCE 101の特徴であるといえる。

なぜPRODUCE 101は知名度の低い100人あまりの練習生にファンをつくることができるのか

↓

PRODUCE 101というプラットフォームが、練習生の持つ応援される三要素である、

「①一生懸命で誠実」「②ブレない芯、世界観」「③完璧でない姿」を視聴者へと訴えかけるプロジェクトづくりに成功したから

なぜスーパーの１００円を渋る人がコラボカフェの１８００円は喜んで払うのか

ここ数年、「コラボカフェ」といわれる言葉をよく聞いたり、街で期間限定開催されたカフェを見ることも多いのではないだろうか？

「コラボカフェ」を知らない人のために簡単に説明すると、「コラボカフェ」とはキャラクターやアニメ、映画、アーティストなどの世界観をモチーフとした食事メニューやグッズ、装飾を楽しめる空間のことを指す。

「ポムポムプリン」といったキャラクターや、Ｋ－ＰＯＰアイドル「ＴＷＩＣＥ」、２０２３年にネットを中心にリバイバルを果たした「マツケンサンバ」をテーマにした「ビバ～マツケンサンバⅡワールドカフェ～オレ！」など、様々なエンタメをテーマとしたコラボカフェが次々と開催されている（多くは期間限定開催）。

その中でも、ここ数年毎年映画の公開に合わせて開催され、人気を博しているのが「名探偵コナンのコラボカフェ」である。毎年一部会場では、予約がなければ入るのは難しいといわれ、地方からカフェのためだけに開催都市に遠征を行う人が出るほどの人気を誇っている。

その人気の理由の一つが、名探偵コナンの人気キャラクターに合わせたフード・ドリンクメニューが提供されていることだ。

以下、そのメニュー名の一部である。

江戸川コナンの蝶ネクタイ型変声機クリームソーダ　1089円
毛利蘭のストロベリースムージー　1089円
ジン&ウォッカの黒ずくめの咖哩　1650円
安室透のプレミアムサンドウィッチ　1870円

値段の部分だけを見ると、ドリンク1杯1000円を超え、サンドウィッチプレートは1800円を超えるなど、決して安い値段ではない。しかし、フードのメニューに名探偵コナンの人気キャラクターの要素を入れることで、人々の中で同じ味のフード・ドリンクでもその意味が大きく変化しているのだ。

例えばメニューの名前に「蝶ネクタイ型変声機」という言葉を足し、ドリンクに蝶ネクタイを飾る。そうすることで、コナン好きの人にとっては「１０００円のクリームソーダ」が「好きなキャラクターに関連する１０００円のドリンク」となり、１０００円の価値が大きく変化するのだ。

サンドウィッチプレートに関連していうならば、名探偵コナンシリーズにおいて全体の物語のキーを握るともいえる、重要キャラクターの安室透が作品の中で作る「サンドウィッチ」に寄せて作られていることから、**ファンにとっては「作品の中に出てくる安室透が作るサンドウィッチ」という付加価値が付いているのである。**

「１０００円のクリームソーダ」

↓

「名探偵コナンの蝶ネクタイがついた１０００円のクリームソーダ」

「1800円のサンドウィッチプレート」
↓
「劇中で安室透が提供しているサンドウィッチプレートが1800円」

このように比べてみると、同じ1000円と1800円でも、それぞれ後者のほうが安く見えてくるから不思議である。

コラボカフェという空間においては、先ほどあげたフード以外も、空間全て、例えば音楽、壁紙、入場者プレゼント、お皿や店員さんなどから名探偵コナンを感じられるようにつくられている。

つまり、普通のカフェとは違う、好きなものに囲まれたある意味非日常を感じる空間なのである。

こうした希少性を感じさせる要素を重ねて作り出すことで、人々は潜在的に「今ここで買わなければ」「今ここを逃せば次のチャンスはない」と感じ、高い購買欲、購買金額へと繋がるのである。

コンサートのグッズや東京ディズニーランドで比較的金額の高いグッズが売れるのもこの仕組みを利用しているためだ。コンサートでペンライトを購入するのは「1年で一回、この時期にしか買うことができないものであり、コンサートに入場した人にとって一生に一度の思い出を象徴するもの」であるからだ。

東京ディズニーシーでダッフィーのグッズを買うのは「ランドではなく、シーにいる時にしか買うことのできないグッズ」だからである。

専門家によると、近年みられる傾向として、X（旧 Twitter）や TikTok での「品薄情報」の拡散が商品やサービスの「完売」を呼ぶという現象も、人々がこの「希少性」を意識するからであるという。

脳科学の観点からは、人が希少性を意識し「どうしても手に入れたい」と感じた時、予算などを無視し、言い訳をつけてでも購買行動を起こそうとする「認知的不協和理論」が発動するとされている。

「あんさんぶるスターズ!!」や「ラブライブ！」といったアイドルゲームの中に「推しキャラクター」を持つ人々が、ゲームのガチャガチャ期間（イベント期間）に50万円や100万円といった課金を行い、ガチャを多数できる権利を手に入れることがある。こうして、好きなキャラクターのカードの獲得に時間とお金を費やすのも、「希少性」や「認知的不協和理論」に基づいた行動であるといえるだろう。この例からもわかるように、人は**希少性を体感することで購入金額を大幅に増幅させる性質を持っている。**

また、希少性の高いものを手に入れることで、人は「特別感」と「満足感」というポジティブな感情を得るため、次の「希少性」を感じる機会においても繰り返し購買行動に出る確率が高いといえるだろう。

これはつまり、**運営側は顧客が「今、ここで買う必要がある」「誰でも・いつでも買えるものではない」と潜在的に感じさせる施策を投じることで、人々の購買意欲や購買行動を増幅させることができる**ということである。

では、運営側はどのようにして「希少性」をつくることができるのか？

運営側が「希少性」を上手く高めた例

運営側が「希少性」を上手く高めた例を紹介しよう。

2023年、「Aぇ！group」のライブDVD「西からAぇ！風吹いてます！～おてんと様も見てくれてますねんLIVE 2022～」の発売が決定した。

このDVD発売には、こんな要素が含まれていた。

「『Aぇ！group』初の単独関東アリーナ公演のDVD化」

「完全受注販売」

「公式オンラインストア限定発売」（音楽ソフト取り扱い店・EC店での取り扱いはなし）

「オーダー期間12月1日～1月10日の約1ヶ月間のみ」（期間を過ぎて欲しくなっても正式ルートからの購入は不可になる）

「初アリーナ」「関西で頑張っていたグループの初の関東大規模会場公演」「今買い逃すと、一生買うことができない期間限定の完全受注生産」

この三つの要素を運営側が揃え、またこの要素がいかに「希少なのか」を「Aぇ！group」のメンバーが自身のレギュラー番組のラジオや、定期更新の会員制のブログ、動画で繰り返し情報を訴えることで、**人の「今、ここで買う必要がある」「誰でも・いつでも買うことのできないものである」という購買意欲を潜在的に高めていった。**

この例は、運営側がプロダクトの「期限」や「特別性」を意図的に作り出し、反復して人々に訴えることで、潜在的に「買いたい！」「買わなければならない！」との気持ちを顧客の中で最大化させることに成功した例であるといえるだろう。

なぜスーパーの１００円を渋る人が、コラボカフェの１８００円は喜んで支払うのか

←

スーパーは日常の買い物作業であり、人はその行為に希少性を感じていないのに対して、コラボカフェフードは**世界観に合わせたフード作り**が行われており、人々は**「今、ここでしか買うことのできない」という希少性**を意識して購買活動を行うから

なぜ「応援上映」は人々の足を繰り返し映画館に運ばせるのか

皆さんは「応援上映」という言葉を聞いたことはあるだろうか？

「応援上映」とは、映画館で声を出しながら鑑賞することが認められた上映会のことである。

通常、映画館での映画上映中は携帯電話の電源を切り、会話は禁止されるものであるが、その掟を破り、上映中に声を思いっきり出して盛り上がれるという性質が話題を呼び、今では映画館で定番化した上映方法である。

「応援上映」の認知度が一気に高まったのは、2016年のアニメ映画『KING OF PRISM by PrettyRhythm』といわれている。サイリウムの持ち込み、応援、ヤジ、つっこみを上映中自由にすることができる上映方法は話題を呼んだだけではなく、「劇場版名探偵コナン作品」や、映画オリジナルのキャラクターが人気を博した『ONE PIECE FILM RED』といったアニメ作品をはじめ、『TOKYO MER～走る緊急救命室～』（医療系実写映画）や『東京リベンジャーズ2 血のハロウィン編』など実写の映画の上映においても採用されている。

このように、今やロングランヒット、大ヒットと呼ばれる映画の多くに採用され、映画館にとっても新たな集客の方法となっている「応援上映」だが、なぜこんなにも人々を惹き付けるのだろうか。

「応援上映」が人々を惹き付ける理由は、「楽しい体験づくり」に成功しているからであるといえる。

「楽しい体験づくり」とは、人が体験を通して「楽しい！」という感情を体感、共有し、体験後に「また行きたい！」と思う体験を運営側が作り出すことである。

ＫＣＯＮに学ぶ「楽しい体験づくり」

「楽しい体験づくり」について、世界各地で行われている韓国カルチャーをテーマにしたイベント「ＫＣＯＮ」（K-Culture フェスティバル）を例に考えてみる。

ＫＣＯＮとは、人気Ｋ－ＰＯＰアイドルのステージはもちろんのこと、K-Beauty, K-Food, K-Fashion, K-Drama といったコスメやフード、ファッションやドラマなど、「韓国文化」を体験できる大型フェスティバルである。

イベントは日本のみならず、アメリカ、タイの他に、中東やヨーロッパ地域など過去9都市で開催されており、人気韓国アイドルとの交流イベントや韓国フードのキッチンカー、Ｋ－ＰＯＰダンスの講習を体験できる。

また、フォトブースで思い出写真を撮れたり、Ｋ－ＰＯＰファンたちの差し入れ文化の定番であるコーヒーカーでカスタムドリンクが注文できるなど、韓国を様々な角度から体験できるように設計されているイベントである。

つまりＫＣＯＮでは、**イベントに訪れた人々に様々な「体験」を提供し、その体験を多くの人と「共有できる環境」を設計・演出**しているのだ。

Ｋ－ＰＯＰアイドルのステージを見るまでに時間ができたので、Ｋ－ＰＯＰダンス講習を受けてみる。韓国料理のキッチンカーで友達とお昼ご飯を食べ、Instagram に投稿する写真を撮るため多数のフォトブースエリアに移動する。フォトブースエリアで順番を待つ間に、友達と前の人のポーズを見ながら写真のポーズを考えて、写真撮影。帰りには、ちょうどなくなっていたファンデーションを買うために展示されているコスメブースを訪れて、友達と一緒にメイクアップ体験をしてみる。

このようなイベントの設計によって、Ｋ－ＰＯＰ好きな子に連れられてやってきた子が、韓国フードやコスメにはまることもあるだろうし、純粋にそこでの友達との時間を楽しむこともできる。そして、友達と一緒に体験したこのイベント自体を楽しいと感じてくれたなら、さらに新しくて楽しい体験を求めて、次の年のＫＣＯＮへの参加、日本ならばコリアンタウンの新大久保などに友達と出かけるなど、さらなるK-Cultureへの没入へと繋がっていく未来も見える。

実際、日本におけるＫＣＯＮの参加者数は年々増加しており、初開催の２０１５年には約１・５万人だった参加者が、２０１９年には８・８万人に上っている。この増加には、楽しい思い出の再体験を求めて来客した継続参加者も含まれると考えられるだろう。

こうしたKCONのように、「韓国」に関連した様々な角度からの「楽しい体験」の提供こそが「K－POPアイドル」のみならず、フードやファッション、コスメといった「韓国カルチャー」の大きな世界経済を生み出す一端を担ったといえるだろう。

若者は「トキ消費」を重視する

消費者庁が発表した「令和4年消費者白書」においても、現代の若者の消費行動には、モノ消費でもコト消費でもない「トキ消費」を重要視する傾向があるとされている。**「トキ消費」とは「その時その場所でしか体験できないスポーツイベントやフェス等で感動を他の参加者と共有し、一体感を得る」消費形態**のことである。

そのため「消費者意識基本調査」では、今回取り上げたKCONのような、参加型イベントである音楽やグルメフェス、ファンイベント等にお金をかける割合は10代で全体の28・8％、20代で全体の31・8％を記録しており、若い年代の人たちが「体験」の追求のためにお金をかけているということがわかる（図を参照）。

　マーケティングの分野から見ても、この「ポジティブ体験」という視点は人の購買行動に大きく作用するとされている。「楽しい体験」に紐づいたイベントやサービス、プロダクトは、人々の再購入や再体験を促す働きがあり、逆に「ネガティブな体験」に紐づいたものは、再購入や再体験を阻止す

今しかできない参加型の体験やコンテンツにお金を使う人の割合（年齢層別）

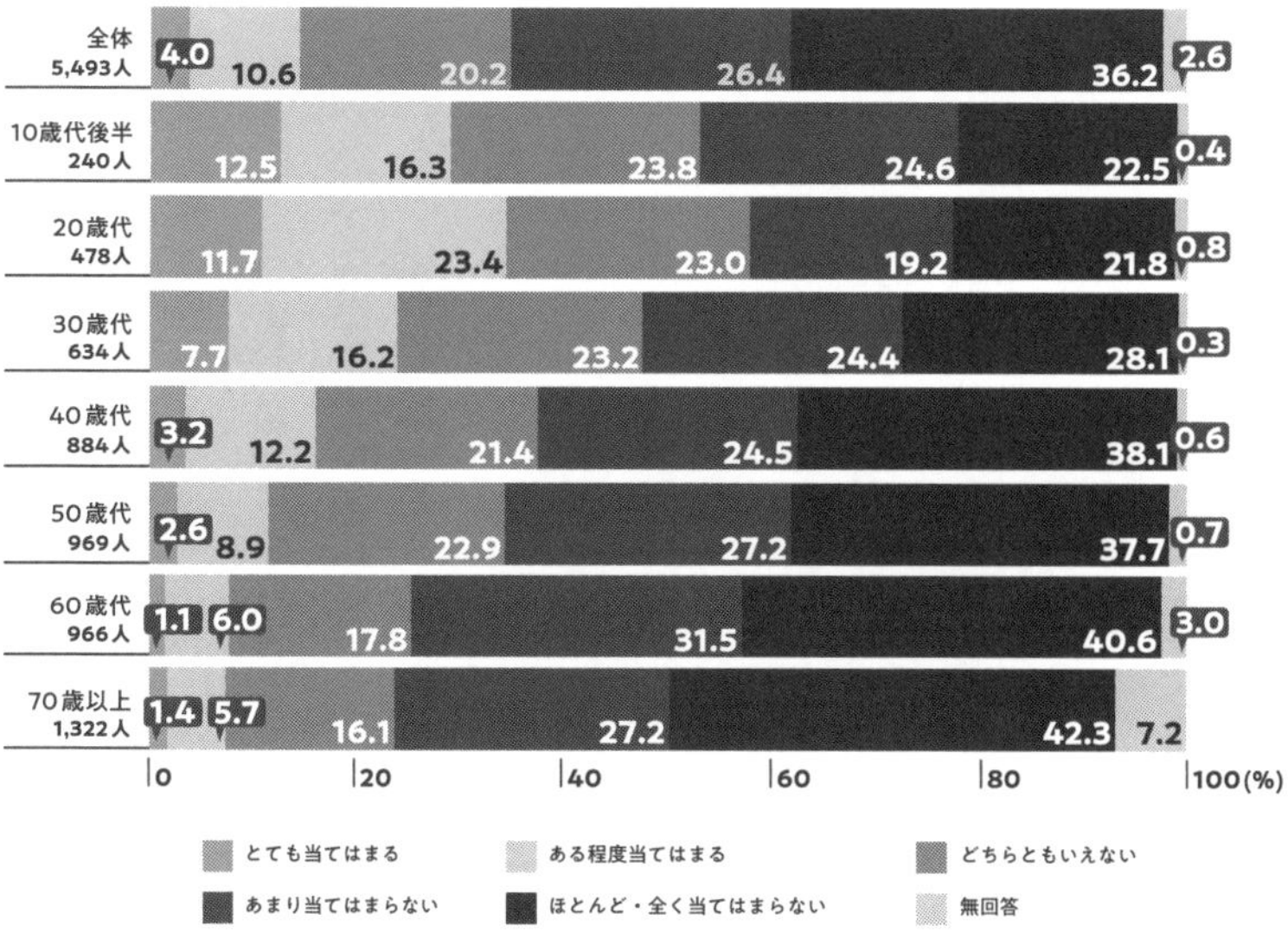

出典：令和４年消費者白書

る働きがあるとされているのだ。

つまりビジネスにおいては、ただサービスや商品を売るだけではなく、サービスや商品を通したポジティブな「楽しい体験」を創造し、設計デザインすることで、人の「また買いたい！」「また体験したい！」といった再購入、再体験を促すまでを考えることが重要であるということだ。

「応援上映」の例に戻って考えてみると、「応援上映」の認知度を一気に上げた『KING OF PRISM by PrettyRhythm』は、人々の参加や体験を促すためのコンテンツづくりがなされていた。

映画制作側は、作中のキャラクターのセリフ「みんなに言いたいことがありまーす」の後にわざと間を空けることで、観客が「なーにー？」と返答できるようにしたり、キャラクターの泣き顔シーンを長めに流すことで「泣かないでー」といった観客が感情を吐露できる時間をつくるなどしていた。

これこそが人々の「体験」を作り出すための仕掛けであり、映画を見ながらキャラクターとの掛け合いを行うことで、観客がコンテンツへ「参加」できるようにした仕掛けであるといえる。

なぜ応援上映は人々の足を繰り返し映画館に運ばせるのか

←

声出し、サイリウムでの応援、観客との会話を可能にすることで、同じ上映会参加者と共に「**楽しい体験づくり**」を行い、人々の中で「**また行きたい**」という「**再体験への願望**」**を作り出しているから**

なぜ一般人のYouTuberが300万人のフォロワーを獲得し テレビタレントは10万人のフォロワー獲得に苦戦するのか

情報取得の方法がテレビからインターネットへと変化し、Z世代が世の中のトレンドづくりの中心となっている今、「人気」の形が変化している。

次の表を見てもらいたい。これはYouTubeの2023年10月時点の日本登録者数Top20を表した資料である。この表から見てもわかるとおり、Top20にランクインするほとんどのチャンネル出演者がテレビ露出をほとんど行っていない、いわゆる一般の人に近い形で活動するYouTuberである。彼らは、テレビ出演が少ないにもかかわらず、登録者数700万人超えと驚異の数字を誇っていることがわかる。また、YouTuberとしてスタートした人気グループ「コムドット」がフジテレビでレギュラー番組「コムドットって何？」を持ち、テレビ業界への進出を成功させた。それに加えて彼らは、東京ドームでの単独イベントを行い、単独写真集を重版、ファッションブランドを設立するなど、影響力は計り知れない。

YouTube チャンネル登録者ランキング（2023 年 10 月時点）			
Junya. じゅんや	Sagawa さがわ	Bayashi TV	ISSEI いっせい
3050 万人	2520 万人	2020 万人	1880 万人
spider-maaaaaaan スパイダーメーン	Kids Line ♡ キッズライン	Saito さいとう	HikakinTV
1420 万人	1380 万人	1210 万人	1190 万人
せんももあいしー チャンネル	恋愛とと	M2DK マツダ家の日常	はじめしゃちょー （hajime）
1120 万人	1120 万人	1090 万人	1070 万人
Boram Tube Play	THE FIRST TAKE	きまぐれクック Kimagure Cook	Fischer's - フィッシャーズ -
946 万人	863 万人	839 万人	833 万人
Travel Thirsty	Nino's Home	タキロン Takilong Kids' Toys	すしらーめん 《りく》
796 万人	770 万人	758 万人	749 万人

このことからわかるのは、今や「人気者」＝「トレンドに影響力を持つ者」の定義は「テレビに出演している」ことではなく、「SNSでどれだけフォロワーがいるのか」という意味へと移り変わってしまっているということだ。

では、なぜ今SNSインフルエンサーと呼ばれる人たちが、テレビの出演者よりも人気を集め、影響力を増しているのか？

それは、**彼らの活動内容や配信コンテンツが、人々の中での「自分ごと化」に成功しているからである。**

「自分ごと化」とは、対象やそれに関連する情報や活動を、自分自身に「意味のある」ものだと認識している状況である。

「自分ごと化」の考えを、人気女性YouTuberユニット「平成フラミンゴ」のコンテンツを例にとって考えてみる。

「平成フラミンゴ」は、YouTubeでのチャンネル登録者数300万人を超える女性YouTuberユニットである。高校生向け広告マーケティングを行う株式会社アイ・エヌ・

ジーが２０２１年に発表した「今一番好きな芸人・タレントランキング」では、お笑い芸人の「千鳥」や「ＥＸＩＴ」を抑えて１位に輝くほか、ＺＯＺＯＴＯＷＮの広告キャンペーンや、コスメブランド「メイベリン・ニューヨーク」のＣＭに起用されるなど、高い人気を誇っている。

ここで、彼女たちが発信する様々なコンテンツの中でも視聴回数の高い動画のタイトルをいくつかあげてみよう。

「動けなくなった親友を連れ回したら初恋の人と…」

「【衝撃展開】アラサー独身女が初恋の彼とデートしたら奇跡起きたｗｗｗ」

「【勝ったら全奢り】ドン・キホーテで女気バトルしたら次元の違う破産者が出ました…」

「【片付けられない女の実態】独身アラサー女の生活の実態がやばすぎる…」

「【爆買い】アラサー独身女が大慌てでドラッグストアの購入品を紹介！【スペシャルゲスト登場】」

今、例にあげたタイトルのほとんどは、人気YouTuberなどのコラボゲストを呼んでいない二人だけの動画であるにもかかわらず、その他の動画よりも高い視聴回数を誇っている。

その理由は「タイトルに含まれているキーワードに隠されている」といっていいだろう。共通性のないように見えるこれらのタイトルをよく見てみると、高校生などの学生を含めて多くの若い女性にとって「身近」なキーワードが含まれていることがわかる。

「親友」「初恋」

「デート」「ドン・キホーテ」

「爆買い」「ドラッグストア購入品」

多くの女子学生にとって雑談の話題になりやすい「恋愛」のテーマ。

体育祭や文化祭などの材料の買い出し、学生の放課後の寄り道の場となりがちな「ドン・キホーテ」という存在。
女の子にとってお小遣いで初めての化粧品を買う場となりやすく、また日常的にも身近な「ドラッグストア」という場所。

つまりこれらの動画は、人々（女性）にとって「身近」なテーマやワードを使用することで、必然的に「自分に関係のある情報であると認識」＝「自分ごと化」させることに成功しているのだ。

音楽チャートに見る「自分ごと化」

TikTokやYouTubeなどを通して、「歌ってみた」「踊ってみた」動画で使用率の高い音楽が音楽チャートで上位を獲得しやすい現象も、この「自分ごと化」に隠されている。

TikTokやYouTubeで動画の投稿を行っている高校生や大学生は、ダンス初心者でも真似しやすい振りつけの音楽を中心に曲探しを行う。つまり、彼らは無限のように存在する音楽の中から「自分たちの動画作りに必要な」音楽を取捨選択していることになる。ここで見つかった音楽は、「自分が見つけた音楽」「自分が躍った音楽」となり、自分の中で他とは違う特別感のある音楽となっていく。

一方、自分では動画を投稿しないが、友達との交流や情報収集のためにTikTokやYouTubeを見ている若者も、出かけた先で聞こえてきた音楽が「知り合いのダンス動画に使われていた曲だ」という風に、「自分に関係のある音楽だ」と認識することがある。

今のトレンドを担うZ世代は、生まれた時もしくは物心ついた時からインターネットが普及しており、情報が溢れかえる世界の中で生きてきている。

そんな彼らの特徴は、JOMO（Joy of Missing Out）といわれる、「全ての情報に追いつくことをあきらめ、偶然に与えられた情報や繋がりを楽しもうとする」感覚が強いことである。このことからわかるのは、Z世代は、**「情報を見逃すこと」「一つの情報をしっかり見ないこと」が日常的である**ということだ。

こうした情報過多で情報取得をあきらめがちな風潮において、「自分ごと化」された情報や活動は人々の記憶の中に残り、対象に対する行動を起こすきっかけになりうるといえるだろう。

「自分ごと化」の重要性は、ビジネスの成功事例からも伺うことができる。デイビッド・ルイス著『買いたがる脳』では、アマゾンを成功に導いた要素について、こう語られている。

「(アマゾンは)1995年の創業後、2年で100万冊書籍を販売し、その後の6ヶ月で200万冊を達成、6年もたたないうちにオンラインでのビジネス成功の可能性を実証した。経営陣は『パーソナライゼーション』(個々人向けにカスタマイズすること)による売り上げへの影響について話したがらないが、成功の鍵であることは認めている」

この文章からもわかるように、アマゾンの成功の裏には顧客一人一人に向けた「自分ごと化」施策が行われていたのである。

企業側は多くのターゲット層に向けて、より「身近」で「親和性」の高い情報や活動を発信し、対象を人々の中で「自分ごと化」させるためのコンテンツづくり、環境づくりが大切であるといえるだろう。

では最初の問いに戻ってみよう。

なぜ一般人のYouTuberが300万人のフォロワーを獲得し、テレビ出演タレントは10万人のフォロワーの獲得に苦戦するのか

↓

一般人というテレビタレントよりも身近な存在と活動内容から、視聴者はYouTuberに対して**「親和性」**を高く感じ、**自分にとって意味のあるものだと認識（自分ごと化）することで、多くの情報の中でも「特別性」を見出すから**

なぜＢＴＳのメンバーがほとんど出演しないイベントに、世界から40万人もの人が集まったのか

２０２３年６月17日、ＢＴＳのデビュー10周年をお祝いする企画「2023 BTS FESTA」の一環として、韓国ソウル汝矣島《よいどとう》漢江《はんがん》公園一帯で行われた「BTS 10th Anniversary FESTA」に、世界各国のＡＲＭＹ（ＢＴＳのファンの愛称）約40万人が集結した。

イベントでは、ＢＴＳのライブ衣装の展示やヒストリーウォール（ＢＴＳの歩みを振り返ることのできる展示）などの展覧会に加えて、10周年記念花火ショーなどが行われた。

しかしこのイベントは、開催当時ＢＴＳメンバー７名の内２名が軍隊へと入隊していた事情もあり、メンバーの一人であるＲＭがファンとのトークイベントに参加する以外は、ＢＴＳメンバーが直接会場に訪れることはなかった（ＲＭ以外のメンバーが来場しないことは事前に告知済み）。

こうした状況にもかかわらず、世界中から約40万人もの人々がイベント会場に集結したのはどうしてだろうか。

このような現象の裏側には、**運営側による「BTSが好き」という共通点を持った人々の「コミュニティ意識の最大化」の成功**がある。

では、そもそもなぜ「推し」を考えるうえで人々の「コミュニティ意識」が重要なのだろうか。

それは、**「ファンクラブ」といったコミュニティに所属し人々と交流することは、「推しが好き」という感情とは別の「人と人との繋がりに安心感を得る」という感情も生み出しているから**である。

この現象を脳科学の観点から見てみると、人は元来、「帰属意識」を感じることで「安心感」を得やすいということが関係している。多くの人にとって、小学校や中学校より大学という場が「生きやすい」と感じる理由も、小学校、中学校では学校や家族といった自分では変化させるのが難しい限られたコミュニティに閉ざされている一方で、大学では自身が選ぶことのできる多数のコミュニティに所属しているからであるといえるだろう。

この安心感は、より長期的かつ熱狂的な「推し」への愛を持続させるために大きな役割を果たしているのだ。

ＢＴＳの例に戻るとしよう。ＢＴＳがアメリカでのパフォーマンスを始めた当初、ＢＴＳの存在と同じくらい注目されていたのが、ＢＴＳのファンである「ＡＲＭＹ」という存在である。

「ＡＲＭＹ」とは日本語で「軍隊」を意味することから、ＢＴＳの正式名称「防弾少年団」（防弾チョッキ）と軍隊（ファン）はいつでも一緒、という意味を込めて呼ばれているＢＴＳファンの愛称である。

ＢＴＳについて詳しくない人には伝わらない呼び方であるにもかかわらず、ＢＴＳのメンバーたちはどんな場面においてもファンのことを「ＡＲＭＹ」と呼びかけ、交流を続けてきた。

これこそＢＴＳのファンであるという「コミュニティ意識」を人々の潜在意識の中で高めていった一つの要素である。

BTSを好きな人たちは「ファンの皆さん！」と呼ばれるよりも、「ARMYの皆さん！」と呼ばれるほうが、自分はBTSを好きなコミュニティの一員なのだという「帰属意識」を強く認識するのだ。

「ARMY」たちの中でよく使われる「**보라해**」（ボラへ）または「I purple u」という単語も、こうしたコミュニティ意識を高めた一つの要素とみることができる。「**보라해**」（ボラへ）とは、日本語で「紫するよ」と訳され、BTSのメンバーであるVが生み出した造語であり、「ARMY」と「BTS」の絆を象徴する言葉として使われている。そのため「ARMY」は町で紫色を見たり、「**보라해**」（ボラへ）や「I purple u」の言葉を聞くと、「BTS」とその言葉を使う他の「ARMY」の存在を思い出すのだ。

つまり人々にとって「ARMY」や「**보라해**」（ボラへ）という言葉を知っているということが、BTSのファンであるという一種の証拠であるといえるだろう。**BTSの喋る韓国語がリアルタイムで理解できなくとも、住んでいる場所にファンクラブがなかったとしても、「ARMY」や「보라해」（ボラへ）という言葉さえあれば、ファン同士はお互いを仲間だと認識でき、コミュニティ意識を感じることができるので**

ある。このＢＴＳファン特有の言葉たちが、世界中の様々な壁を越える合言葉のような役割を果たしたことが、ここまで全世界にＢＴＳとＡＲＭＹの存在感を大きくさせた一つの要因だといえるだろう。

またＢＴＳの場合、運営側がこうしたコミュニティを強くする施策を積極的かつ意図的に行ってきた。ＢＴＳの所属する芸能事務所「ＨＹＢＥ」（旧会社名：Big Hit Entertainment）は、２０１９年７月１日に公式ファンコミュニティ「Weverse」を開設し、アーティスト本人たちとアーティストを好きな人々だけが集まる新たな空間を作り出した。こうしたコミュニティには、Ｘ（旧Twitter）やInstagramとは違い、特定のアーティストを好きな人たちのみが集まるため、自身のアーティストへの思いを表現する心理的ハードルを下げ、より気軽に様々な形で他者に共有することを可能にした。またコミュニティでは、ファンの人が制作したファンアートに他のファンがコメントできるようにすることで、ファン同士の交流も積極的に行われるようになった。

このように「Weverse」は、ＢＴＳや他のアーティストによって繋がった人々のためだけの活動空間を運営側がつくることで、より人々の「仲間意識」＝「コミュニ

ティ意識」を高め、人々の熱狂度を向上させることに成功した例であるといえる。

こうしたコミュニティ意識を高めた人々は、より対象への感情やコミュニティ内で行われる活動を「自分ごと化」しやすい。つまり、自分の所属するコミュニティに対して、何か「行動を通して還元したい」という気持ちを強めていくのである。

この「ARMY」のコミュニティ力の影響の大きさは、募金活動などからも見ることができる。2020年アメリカで黒人の権利向上のために行われていた「Black Lives Matter」の抗議活動を受けて、BTSがSNSで人種差別に対する抗議コメントを発表、事務所を通して100万ドル（約1億800万円）をBlack Lives Matterの運動に寄付した。これを受けて、BTSの有志ファングループ「One in an ARMY」は、Black Lives Matter運動への寄付金集めを発表。わずか一日足らずで、BTSの寄付金額と同等の100万ドル（約1億800万円）を集め、寄付を行った。これは、BTSのファンが「ARMY」という強いコミュニティ意識のもと、BTSと同じように社会に役立つことにお金を使おうという取り組みとして行われた活動であった。

もはや「ARMY」という存在は「BTSが好き」であるというところを超えて「A

RMY」として何かを行動するということ、「他のARMYたちと繋がり、交流し、行動すること」に意義を感じていることがわかるだろう。

BTSとARMYの例からもわかるように、対象に対する「仲間意識」＝「コミュニティ意識」の高まりは、人々にとって対象が好きとは別の「人と繋がる安心感」という新たな付加価値をつくることで、より人々を熱狂的かつ行動的にしていくといえるだろう。

なぜBTSのメンバーがほとんど出演しないイベントに、世界中から約40万人もの人が集まったのか

↓

BTSを推す人々は、「ARMY」としての**「仲間意識」＝「コミュニティ意識」を持ち、BTSに関わる活動や自分以外のARMYたちと交流することに大きな意味を感じているから**

VTuber に学ぶコミュニティ意識の最大化

こうした「コミュニティ意識の最大化」の成功例としてもう一つ、VTuberたちによる「メンバーシッププログラム」を紹介する。

VTuberを知らない人のために簡単に説明すると、VTuberとは「Virtual YouTuber」（バーチャルユーチューバー）の略で、2Dや3Dで作られたキャラクターを使って、YouTubeなどの動画配信サイトで生配信や動画配信を行う人々のことを指す。人によって配信コンテンツは様々であるが、雑談配信、ゲーム実況、歌ってみた動画の投稿などが主な活動としてあげられる。

2017年頃に登場したとされるVTuberは、2022年に、国内市場規模が520億円に到達した。さらに次の数年で、トレーディングカードの市場規模約800億円に到達するとの専門家たちの予想が発表されている。

一方の「メンバーシッププログラム」は、YouTube上で活動する配信者たちのファンクラブのような位置づけであり、動画の視聴者が月額数百円で加入することでメンバー限定コンテンツの視聴や配信のコメントに使える絵文字を獲得することができる。YouTubeを主な活動拠点とするコンテンツクリエーター、「フィッシャーズ」「コムドット」や、数多くのVTuberたちもこのメンバーシッププログラムを活用している。

VTuber事務所の「ホロライブプロダクション」が2023年3月に発表した「ホロライブ応援プレミアム」を例にとってあげると、メンバーになることで以下のような特典を受けることができる。

★配信のコメントに使用できるメンバー専用絵文字の配布
★メンバー継続期間によってアイコンが変化するメンバー専用バッチの配布
・番組企画アンケートへの参加券
・メンバーシップ限定のお知らせ
・メンバー限定の画像配布
・メンバー限定配信動画

他のアイドルやアーティストなどのファンクラブメンバーシップと比べてみた際、ホロライブのメンバーシップで印象的な特典は、★印をつけた二つだろう。

この★印をつけた二つの特典は、自身がコミュニティメンバーであることを外へと示すことのできる、いわば「熱の高いファンである証拠」のような役割を果たしている。


例えば、VTuberの配信をいつもどおり見ている時に、コメント欄にメンバーシップ専用の絵文字を使ってコメントの投稿をしている人を見ると、「この人も私と同じでメンバーシップの人だ」と嬉しくなる。

「私ホロライブ好きなんですよ」という知人との会話で、メンバーシップ限定コンテンツの話が出たり、バッチの色の話になったりすると「この人も私と同じでホロライブのことが熱狂的に好きなんだ」と認識する。

このようにVTuberにおけるメンバーシップ制度は、**バッチや限定絵文字などを特典にすることで、メンバーが自身をメンバーとして認識し、対象を好きな人たち同士の「仲間意識」＝「コミュニティ意識」を形成している**のだ。

こうして出来上がったコミュニティが経済を動かすことを示したのが、VTuber周央《すおう》サンゴと「志摩スペイン村」のコラボだ。

VTuberプロジェクト「にじさんじ」に所属する人気VTuber周央サンゴが自身の雑談配信にて、三重県にあるテーマパーク「志摩スペイン村」を絶賛、それに「志摩スペイン村」側が反応したことでコラボ企画が実施された。周央サンゴが高い熱狂度で「志摩スペイン村」を語り、「みんなにぜひ来てほしい」と呼びかけたことで、実際に「志摩スペイン村」に訪れる周央サンゴファンが続出した。イベント期間中（2月〜3月）の来園者数は23万人を超え（前年比1・9倍）、周央サンゴが絶賛した園内のチュロスの売上は例年比33倍にまで膨れ上がり、キー局のニュースで取り上げられるほどの話題を呼んだ。

これらの例からもわかるように、**運営側は、対象を通じて「自分は一つのコミュニティに所属している」と人々に感じさせられるような企画づくりや、「同じ好きで繋がる仲間がいる」と感じさせるファン同士の交流の場をつくることで、「好き」だけにとどまらない「コミュニティの繋がり」という新たな価値を作り出すことが**

重要であるといえるだろう。それこそが、より長期的で行動力の高いサポートをしてくれる存在「推してくれる人」を作り出す重要なポイントであるといえる。

〈コラム　様々な「推し言葉」に隠れるビジネス要素〉

推し文化に存在する言葉をビジネスに変換してみると

初めにも書いたように、この本の目的は皆さんに「推し文化」を理解してもらいながら、少しでも自身のビジネスに熱狂的で行動的なファンである「推してくれる人」をつくるためのヒントを得てもらうことである。

第2章の最後となるこのセクションでは、「推し」や「推し活」で使われる特有の言葉をビジネスの言葉へ変換し解説することで、より「推し活」の中に隠れる潜在的「ビジネス要素」を理解し、第3章で描かれる「自身のビジネスに推しをつくる」へのエッセンスを感じ取ってもらえれば幸いである。

【推し活】
推し（熱狂度の高い対象）を自らの行動をもって応援する活動のことを指す。

↓

行動力のあるロイヤルカスタマーがいる状態
自身のビジネスに積極的に行動を起こしてくれる、行動力のあるロイヤルカスタマーがいる状態。自分のビジネスにおいて「推し活を行ってくれる人がいる」状態においては、ビジネスを提供する会社や運営側の供給が比較的少ない状態であっても、ビジネスの存在がより速いスピードで広まっていくため、プロモーションにおける自走基盤が高い状態であるといえる。

【推し変】

自分の中で推しが変更される、変わることを意味する。

（例）私最近アイドルグループのメンバーの中でも、B君からA君に推し変した！

↓

代替品の登場や他社への乗り換えが行われた状況

他者の製品、もしくは代替品などに自分のビジネスが乗り換えられる、もしくは乗り換えられてしまった状態。その人にとって自社ビジネスの優先順位が下がってしまった状態ともいえる。乗り換えられるということは、好意を持続させるシステムづくりが構築できていなかったということである。もしくは熱狂的なファン（推してくれていた人）に対して、誠実性のある対応を行えていなかった可能性があることを意味する。

【沼】

好きな気持ちを抑えられず、つい活動をチェックし追いかけてしまうこと。意識していないのに、なぜか情報をチェックし、推し活を続け、抜け出せないことを意味する。

(例）この前アニメ映画を見てから、キャラクターCに沼ってしまって。常に情報をチェックしちゃうんだよね。

↓

ビジネスにおけるポテンシャルカスタマーを抱えた状態

自身のビジネスに対して魅力を感じてくれている状態。一方で、行動力という側面で「推し」よりも行動量が少なかったり、短期的な感情で終わってしまうこともあるため、ファンから推しへと変化する狭間に存在しているポテンシャルカスタマーという位置づけの存在。そのため、コミュニティ意識の最大化や人々の満足感、行動を促す施策を投じることで、より「自分ごと化」してもらい、行動量と熱狂度の伴う「推してくれる人」へのトランスフォーメーションを促すことが必要。

【布教】

自身の推しの存在を知らない人に対して伝える・宣伝する行為のこと。

←**プロモーションをビジネス応援者が自主的に担ってくれている状態**

自社発信ではない、客観的視点からのプロモーションであるため信頼性が高い。また、内部では思いつかないアピールポイントを意外な角度からPRしてくれる場合もある。こうした人々の行動こそが、今でいう「バズ」を起こしたり、「SNSのトレンド入り」を作り出し、大きな経済を動かしている。

【認知】

推しに自分自身の存在を覚えてもらえている状態。

（例）この前のイベントで「いつも来てくれてる、ななみちゃんだよね」って言われたってことは認知確定ってことだよね！

←

応援してくれている人に対して、認識と意見を聞く姿勢を示している状態

ビジネスを提供する側が、顧客と交流する場を多く用意することで、二者の距離感がある程度近い状態。また顧客が、ビジネスを運営する側から大切にされていると感じる場面が多く存在する状態のこと。例えば、よく行く洋服屋さんで、店員さんに名前を覚えてもらっていて、今までの購入品や服の系統に合わせておすすめを提案してくれるなど。こうして、相手から「覚えられている」「認識されている」という感覚を顧客が覚えることで、ビジネスに他とは違う特別な感情を持ちやすいため、ロイヤルカスタマーになりやすい。

【DD《ディーディー》】
誰でも大好きという意味。推しが一人もしくは一つではなく、複数いることを意味する。

↓

応援文化需要は大きいことを示している

人々の中では今、一つのモノ・人だけを好きでいる文化ではなく、応援したいと思ったら応援する数にこだわらず、複数のモノ・人を同時に応援する文化が広がっている。ビジネスにおいても、一人の顧客が複数の同業ブランドやサービスを同時に利用・応援することが頻繁に起きるため、同業他社に勝つことばかりではなく、協業して応援文化を刺激することも可能であるといえる。

「推し文化」には、ユニークな造語が多くあるんだという新たな気づきを得てもらえただろうか。この「推し文化」から生まれる言葉は、推しを持つ人たちがどのような価値観を持っているのか、どのような考えをベースに購買行動を起こし、社会の流れはどのように動く可能性があるのかを示してくれる。

第3章では第1章、第2章で垣間見ることができた「推しとは人々にとってどのような存在で、どのようにしてつくるのか」に繋がる要素を整理し、これからのビジネスにおける長期戦略の柱となりうるであろう「ビジネス推し化戦略」のための設計図をお伝えしていく。

第3章

エンタメ力はビジネス力

あなたのビジネスに推しをつくろう

Chapter3

エンタメ力はビジネス力
～あなたのビジネスに推しをつくろう～

第1章では、日本と世界における現代の「推し文化」について解説した。

一方の第2章では、現代に起きている「推し文化」の実例を取り上げながら、ビジネスという側面に繋がるような要素を整理した。

ここまででいかに、「推し」という考え方が「熱狂的で行動的な応援者」となり、ビジネスの大きな味方になるのかを感じ取ってもらえているだろうか？

この第3章では、今まで出てきた様々なビジネス要素を全て集約し構造化したうえで、自身のビジネスに「熱狂的で行動的な応援者」である「推してくれる人」をつくるための道筋を、五つのステップに分け、実際のビジネス成功例もあげながら解説していく。

皆さんも自身のビジネスに当てはめて考えていただければ幸いである。

なぜ今ビジネスに「推し」が必要とされているのか

この本では、ここまでビジネスでの「推してくれる人」のつくり方をテーマに、「推し活」とそれに関わる施策について解説してきた。ではなぜエンタメ業界に限らず、あなたの関わるビジネスに「推してくれる人」が必要なのか。

それは「推し」という要素が、常に企業側が消費者に何かを与え続けなければいけないという従来のビジネスの考え方を覆す、「自走式ビジネス」を実現するものであるからだ。そして、それを実現するのが「熱狂的で行動的な応援者」と訳される「推してくれる人」の存在なのである。

LTV（Life Time Value）という考え方

まず、ビジネスにおける「推し」を考えるうえで知っておきたいものがある。それがLTV(Life Time Value)の考え方である。

LTVとは、いかにユーザーに自社のコンテンツや製品、サービスを長く使ってもらえるか、いわばユーザー一人あたりのコンテンツ・製品・サービスの寿命（Life Time）と、その寿命の中でどれだけの価値を感じてお金を使ってもらえるか（Value）の掛け算でサービスの経済圏を表すという考え方である。

つまり、「**ユーザーがいかに長く顧客として関わってくれるか（継続率）」×「ユーザーがいかに価値を感じお金を支払ってくれるか（収益性）」。それぞれの要素を同時に引き上げていくことが大切である。**

ゲームビジネスを例にとって考えてみる。

あなたの会社では、様々なミッションのクリアを通して、捕えられた姫を助けるという物語をベースとしたゲームを販売することになった。

ゲームの物語自体は誰でも無料で楽しめるようにし、各ミッションの世界観に合わせて自身のキャラクターを着せ替えることのできる「着せ替えアイテム」を一つ1000円、ミッションに有利なアイテムを一つ1万円で販売することとなった。

A君は広告で見かけたゲームのストーリー性に惹かれゲームをスタート。ミッションに有利なアイテムを1ヶ月に一個ずつ購入するようになった。しかし、約3ヶ月でゲーム内の全てのミッションをクリアすると、ゲームに飽きてしまい別のゲームをスタートさせると、それ以降は自社のゲームにアクセスしなくなった。

B君は、ミッションごとに変わるゲームの世界観に興味を持ちゲームをスタートさせる。ゲーム中は、各ミッションの世界観に合わせるため、キャラクターの着せ替えアイテムを1ヶ月で一個ずつ購入するようになった。B君はA君と同じく3ヶ月ほどでミッションを全てクリアしたが、ゲームの世界観が好きであったため、その後も定期的に配信されるミニミッションのプレーを続ける。結果としてB君は、1ヶ月に一個のアイテム購入を約60ヶ月（約5年）にわたって継続した。

A君とB君のLTVを振り返って見よう。

A君：ゲームの継続率3ヶ月×（アイテム単価）1万円×1＝3万円
B君：ゲームの継続率60ヶ月×（アイテム単価）1000円×1＝6万円

この例を見てみると、A君は一回のアイテム購入金額がB君の10倍であるにもかかわらず、少額で長期的に課金をしていたB君のほうがゲームへの課金金額の合計が高いことがわかる。

一方のB君は、一回あたりの課金金額がA君に比べて1／10であるため、もしA君のようにミッションクリアの３ヶ月でゲームに価値を感じなくなりやめてしまうと、ゲームに対する合計の課金金額はＡ君の１／10になってくる。

つまりＬＴＶにおいては、Ａ君のように短期間でも価値を感じ、より多くの課金をしてもらうこと（収益性）と、Ｂ君のように少額でも継続して関わり、課金を行ってもらうこと（継続率）の、どちらの要素も重要なのだ。

　これこそが、ビジネスにおける「推し」を考えるうえで重要になってくる考え方である。

図３：Life Time Value

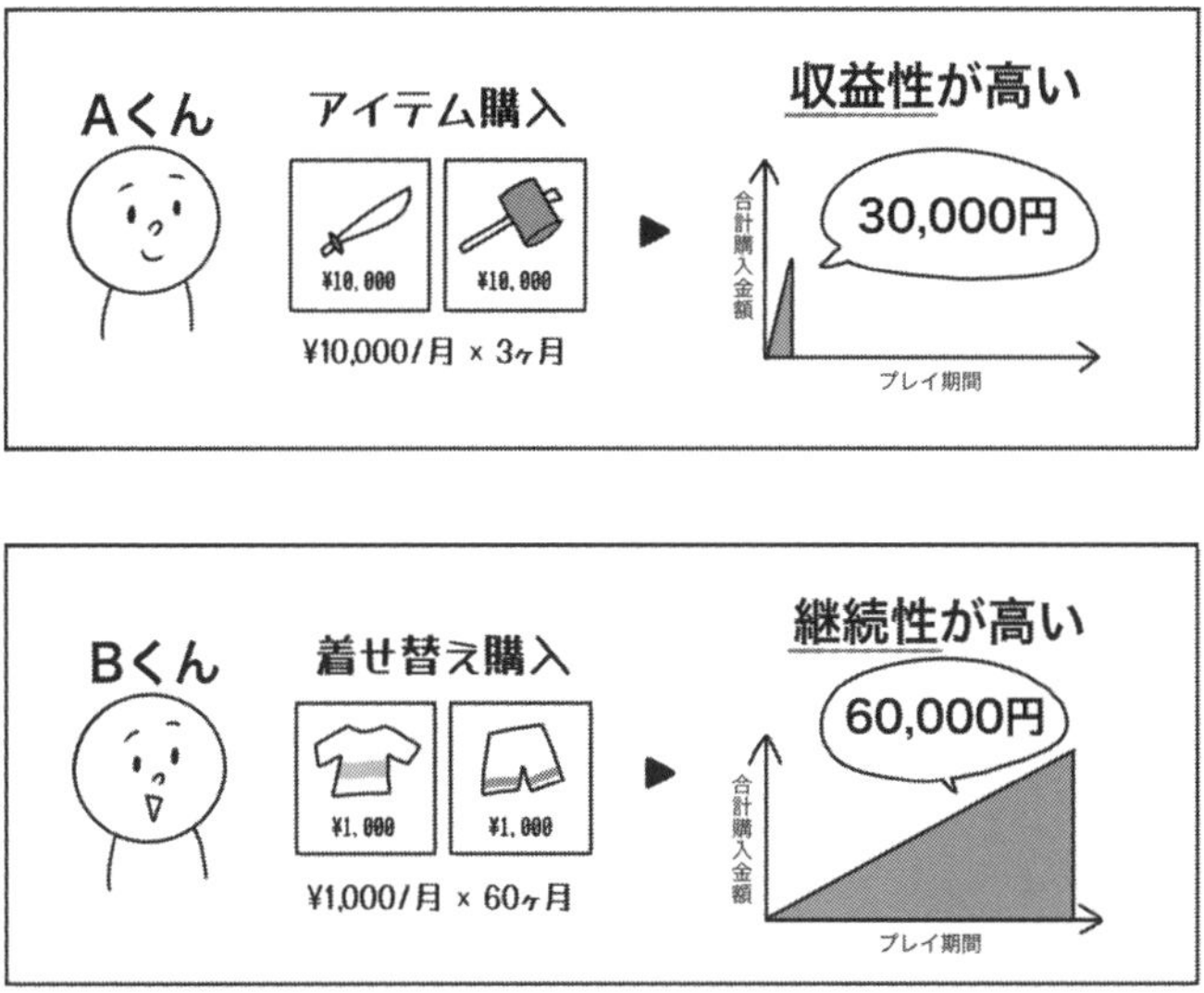

継続性と収益性から構成される高いLTVの獲得

「推してくれる人」とは「ファン」よりも長く、そして深く関わってくれる存在である。それはこのLTVの考え方でいう「ユーザーの継続性」に関わる部分である。

この「継続性」に大切なのは、いかにユーザー・顧客を飽きさせない施策を行うか。まさに「応援されるコア」と「サテライト」の循環を上手くつくり、いかに行動を促すか、ということが重要なのだ。

今の「推し文化」における、「対象を支えたい、応援したい」という気持ちをもとにしたSNSでの自主プロモーション活動や、CDの購買運動、聖地巡礼や二次創作物制作などは、LTVにおける「ユーザーの収益性」に関わる部分である。

つまり、収益性の側面では「この人を応援したい」「支えたい」「他の人に知ってもらいたい」と感じてもらえるような「推し」の価値を打ち出し、応援活動をスムーズかつ積極的に行いやすい環境をつくることが重要となってくるといえる。

アイドルで例えると、この人たちのコンサートに高い金額を払ってでも行きたいと思わせるほど、本業「アイドル」としての価値を高め、アピールすることができるのか。また、グッズやファンイベント、展覧会などの企画、チケットなどの販売を通して、人々が応援の気持ちを表すことができる環境を整えることができるのか。推しへの愛を伝える動画コンテストや、ＳＮＳの投票企画などを通じた、「応援環境」を整備できるのか、などがあげられる。

この継続性と収益性から構成される高いＬＴＶの獲得を通じて、自社のビジネスを「推し化」し「顧客から長く愛される」ビジネスを形成することこそが、この不確実な社会で大切な力となってくる。

不安定で変化が激しいことが特徴といわれる現代においては、テクノロジーの変化によって「機能として求められるもの」は急速に変化し、昨日まで求められていた機能が新しいテクノロジーによって取って代わられるということも少なくない。

「推し」は「ファン」よりも、行動力と熱狂度を持って長期的にビジネスを応援してくれる存在である。

例えば、あなたのビジネス機能が新しいテクノロジーに代替えされてしまったとしても「推してくれる人」は、新しい機能の使い方を提案、シェアしてくれるだろうし、もし何か製品やサービスに問題があった時も、すぐに他の製品に乗り換えるのではなく、間違いを指摘し改善を促してくれるアドバイザリー的な立ち位置としてビジネスに伴走してくれる。

つまり、ビジネスに推しを持つということは、一昔前のように企業側が「機能的価値を与えることで人々と繋がる」というビジネス構造ではなく、「感情的価値と人々の行動力で繋がる」という新しいビジネスの形を意味するのである。

「感情的価値」で繋がった人々は、簡単に他の競合他社に乗り換えることもなければ、ビジネスの機能的価値が変化しても「支援者・応援者」としてとどまってくれる可能性が高い。また変化する社会に企業側が追い付けない時や気づけない時や自分たちのビジネスを俯瞰する時、「人々の行動力」は様々なアドバイスと活用法を教えてくれるのだ。

ファンマーケティングとの違いは、**彼らがより「行動力」という側面を強く持つ**

ことで、時にビジネスの運営者としての役割を強く持つことである。彼らは時にアドバイザーとして、広報の担当者として、ビジネスを「生産・運営」する実務を積極的に担ってくれる。

だからこそ、より「自走式」で「自律性」の高いビジネスとなり、高い持続性に繋がるのである。

ファンマーケティングは、「ビジネス」と「人々」の繋がりをつくる。**一方で「推しマーケティング」は、ビジネスに集まった「人」と「人」の繋がりを大きくさせ、集団として、コミュニティとしての強さを持ってビジネスに関わってくれるのだ。**

応援されるコアづくり　～コアづくりの三つのポイント～

第1章で述べたとおり、「推し文化」の観点から見ると「推される人やモノ」には共通した三つの要素がある。「一生懸命で誠実であること」「ブレない世界観を持っていること」「完璧ではないこと」である。

これら三つのポイントをビジネス的観点から見てみると、どんな要素へと変換されるのか見てみよう。

「一生懸命で誠実であること」
↓「消費者や関係者と丁寧に関わる」

「ブレない世界観を持っていること」
↓「人が共感できるストーリーをつくれている」

「完璧ではないこと」

↓「ユーザーが共創できる隙がある」

ではこの変換された三つの要素は、「応援される」という側面においてどのようなことを意味しているのか。一つ一つを実際の成功例と共に見ていこう。

①　消費者や関係者と丁寧に関わる――一生懸命で誠実であること

第1章で紹介した、エンタメ業界における「応援されるコア」に必要とされる要素の一つ目は「一生懸命で誠実」であった。また、エンタメ分野においては、「常に素直で、何事にもその人なりの全力を出す姿」が人々の応援心を揺さぶると紹介した。これは「はじめてのおつかい」が色褪せない長寿番組になっていることや、近年の人気アイドルの多くがオーディション番組出身であることからも見て取れるだろう。

これをビジネスに変換させると「**消費者や関係者と丁寧に関わる**」を意味する。

情報が溢れる現代においては、「商品やビジネス」と「個人」の関係性づくりが重要になってくる。そうした関係性づくりと聞くと、「SNSで人気を集めるコンテンツをつくらなければいけない！」と感じるかもしれないが、「応援される」ためにはそれよりも簡単かつ重要なことがある。それが、SNS上に載っている自分たちのビジネスへのコメントや、自分たちの元に届く商品やサービスに対するコメントに、一つ一つ丁寧に対応していくことである。

画家「木島 務」
――関わる人、買ってくれる人を心から思った行動で、唯一無二の応援者たちをつくった画家

2011年に亡くなった木島務氏は、北海道釧路市という人口約17万人ほどの市で活躍していた画家である。彼が年に約6回行う北海道内での個展は、毎回ほぼ全ての絵が完売するほどの人気振りだった。決して安くない「木島 務」の絵が個展の度に完売する理由は、彼が個展開催の度に顧客に送っていた「ハガキ」にあったといわれて

いる。

木島氏は、個展の開催が決定すると、毎回過去に個展に訪れてくれた人の情報を記載してある「顧客名簿」を開き、そこに載っている約3000名、一人一人に手書きでハガキのダイレクトメールを送っていた。しかもハガキの裏には、自ら色づけを行った絵が一つ一つ描かれており、顧客は皆このハガキを大切に保管していた。

こうした丁寧な対応を繰り返すうちに、「今回は行けませんが次回は行きます」「今はお金がありませんが、退職金で買わせていただきます」と話す顧客が増えていったのだ。

また、木島氏のエピソードで印象的なものがある。ある時個展で彼の一つの絵をじっと見つめていた若者が「絵を買いたいが今の給料では無理」と言ったのを聞き、木島氏は「1ヶ月1000円ずつなら出せそうか」と問いかけ、最終的にその条件で絵を売ったというのだ。

こうした一人一人を気遣う優しさと、対応の丁寧さは熱狂的なファンをつくり、開く個展全てで絵がほぼ完売する「木島 務」という唯一無二の存在をつくりあげた。

スキットルズ
——「Apologize the Rainbow（謝罪の虹）」

アメリカで人気のあるソフトキャンディー、スキットルズ。通常パックには、レモンやオレンジなどといった多様なフレーバーが入っている。２０１３年、そのフレーバーの内の一つ、「ライム味」のフレーバーを廃止したことで、スキットルズのファンは落胆と怒りの声をＳＮＳ上に投稿した。

２０２１年、長年にわたるファンの要望に応え、「ライム味」を復活させる際に行ったのが「Apologize the Rainbow（謝罪の虹）」であった。２０２２年3月、スキットルズは役員が謝罪を練習するショート動画を公開。その後に行われた謝罪会見では、「ライム味」廃止によって投稿されたクレームがモニターに一つ一つ映し出され、それぞれに謝罪の言葉を述べる様子がＳＮＳ上で生配信された。

さらにＷｅｂサイトでは、この一件により「不当な扱い」を受けたとされる全ての人々のハンドルネームを含めた謝罪文を掲載。この謝罪文は、全て読むのに10時間以上かかる長さとなり、どれだけ「ライム味」が、そしてスキットルズが人々に愛されていたかを示すものとなった。また、それでも怒りが収まらない人には、無料でライム味のスキットルズを配布する施策を行った。

この、抗議を逆手に取ったキャンペーンは、関連検索件数で驚異の１０００％を叩きだし、スキットルズ・オリジナルパックの売上21％向上へと繋がった。

つまり、応援されるコアの一つである「一生懸命で誠実であること」とは、ビジネスの基本でもある「消費者や関係者と丁寧に関わる」ことを指す。こうした基本の部分をしっかりと土台として固め続けることこそが、地道ながらも強い信頼性を形づくることに繋がるのだ。「応援したい、使いたい」と感じさせるための簡単かつ、一番忘れてはならないことこそ「消費者や関係者と丁寧に関わる」ことであるといえるだろう。

②　人が共感できるストーリー（物語）をつくれている――ブレない世界観を持っているということ

第1章で応援されるポイントの一つとしてあげた「ブレない世界観を持っていること」は、エンタメにおける「どんな状況においても貫く個性を持つ」ことであると述べた。**「応援されるコア」をつくるうえでは、自分のビジネスが持つ「個性」を正しく理解しその裏にある「ストーリー（物語）」を持っておくことが必要である。**

では「ストーリー」を持つことは、なぜ「応援される」ということに繋がるのだろうか。

それは、「ストーリー」がビジネスの「情緒的価値」を最大化させてくれるからである。ここでいう「情緒的価値」とは、商品やサービスを見たり、利用した際に感じる「楽しい」「誇り」「エモい」などといった精神的な側面で感じる感情のことである。

カンロ「透明なハートで生きたいキャンディ」
――高校生の複雑な心境に寄り添う世界観を商品とCMで作り込む

お菓子を中心に製造する食品メーカーであるカンロ株式会社は、2022年にスタートさせた「Z世代　飴の原体験共創プロジェクト」にて、現役高校生と飴の商品開発を行い、「透明なハートで生きたいキャンディ」を発売した。

商品開発には、現役高校生のモデル・タレント三名を起用し、話を聞きながら進めると共に、一般の現役高校生にも対面で会って話す機会をつくった。こうすることで、アンケートからはわからない「会話」を通じた彼女らのリアルな心境を掘り下げ、分析を行っていったのだ。

カンロ商品開発チームは、彼女たちとの対話を通じて見えてきた「1日の中でのテンションの差や揺らぎ」に注目。女子高生がその時の気分に応じたパッケージを手に取れるように六種類の異なるミニパッケージデザインを採用した。

また、表のパッケージは裏に記載されたストーリーとも連動しており、「青空が気持ちいいか、ちょっとさみしく感じるか。見上げれば、じぶんの心も見えてくる。」「感動的にキレイな夕焼け。こんな景色を、共有したい人がいるって最強だ。」といったストーリーが描かれていた。

また、飴そのものの形に、女子高生がＬＩＮＥスタンプなどでよく使うハート型を採用したほか、広告展開は現役高校生に向けてTikTok, Instagramストーリーズ、YouTubeショートに合わせた「タテ型動画」で展開、女子高生が「透明なハートで生きたい！」と屋上から叫ぶシーンや、空に商品を掲げるシーンなどを採用することで、実際に真似しやすく、高校生の心情を表現することを意識したという。

こうした世界観が注目を集め、X（旧Twitter）では9000件超の投稿数を生み出し、数量限定で発売したところ一部店舗にて発売1～2週間で品薄・売り切れを達成。早期に販売計画を達成した。

こうした人々の購買行動の中にある様々な「感情＝情緒的価値」は、無意識に私たちに大きな影響を与えている。なぜなら人間の行動は常に論理的ではなく、感情的に決定されることが多いためである。

ある商品に関連した楽しい思い出があれば、他の商品に比べて選ぶ確率が高くなる。またその逆の現象も存在するのである。情緒的価値は、こうした体験したこと・見たこと・聞いたことなどと、その時に関わっていた商品やサービスを紐づけることで生まれていくものである。

つまりは、ビジネスに紐づいた「ストーリー」を通して商品・サービスの持つ個性に顧客が「共感」してくれたならば、そこにはポジティブな情緒価値が生まれ、商品の購買やサービスの利用に繋がる。

こうした「人の感情」という精神的部分にアプローチすることで、人々がビジネスに対して愛着を構築していくことから、「ストーリー」こそが「応援されるコア」の大きなポイントであるといえるだろう。

クラシコム「北欧、暮らしの道具店」
――世界観で情緒的価値を高めることで、継続的な売上の向上とコア顧客の獲得に成功

クラシコムで運営されている「北欧、暮らしの道具店」は、北欧雑貨を展開するＥＣサイトであり、２０２２年時点における売上成長率が28・８％を記録するなど、高い成長を見せているビジネスである。

この「北欧、暮らしの道具店」のビジネスモデルは、次の図を見てもらえればわかるとおり、世界観を大切にしたコンテンツを全ての母体とした設計が行われている。

世界観を表現するコンテンツでは、ターゲットである「自分らしさを重視する」人々に対してアプローチするために、「日々の生活」をテーマにした「ショートドラマ」「自分らしく生きる人々のショートドキュメンタリー」をYouTubeで配信している。こうしたコンテンツを通して、「北欧、暮らしの

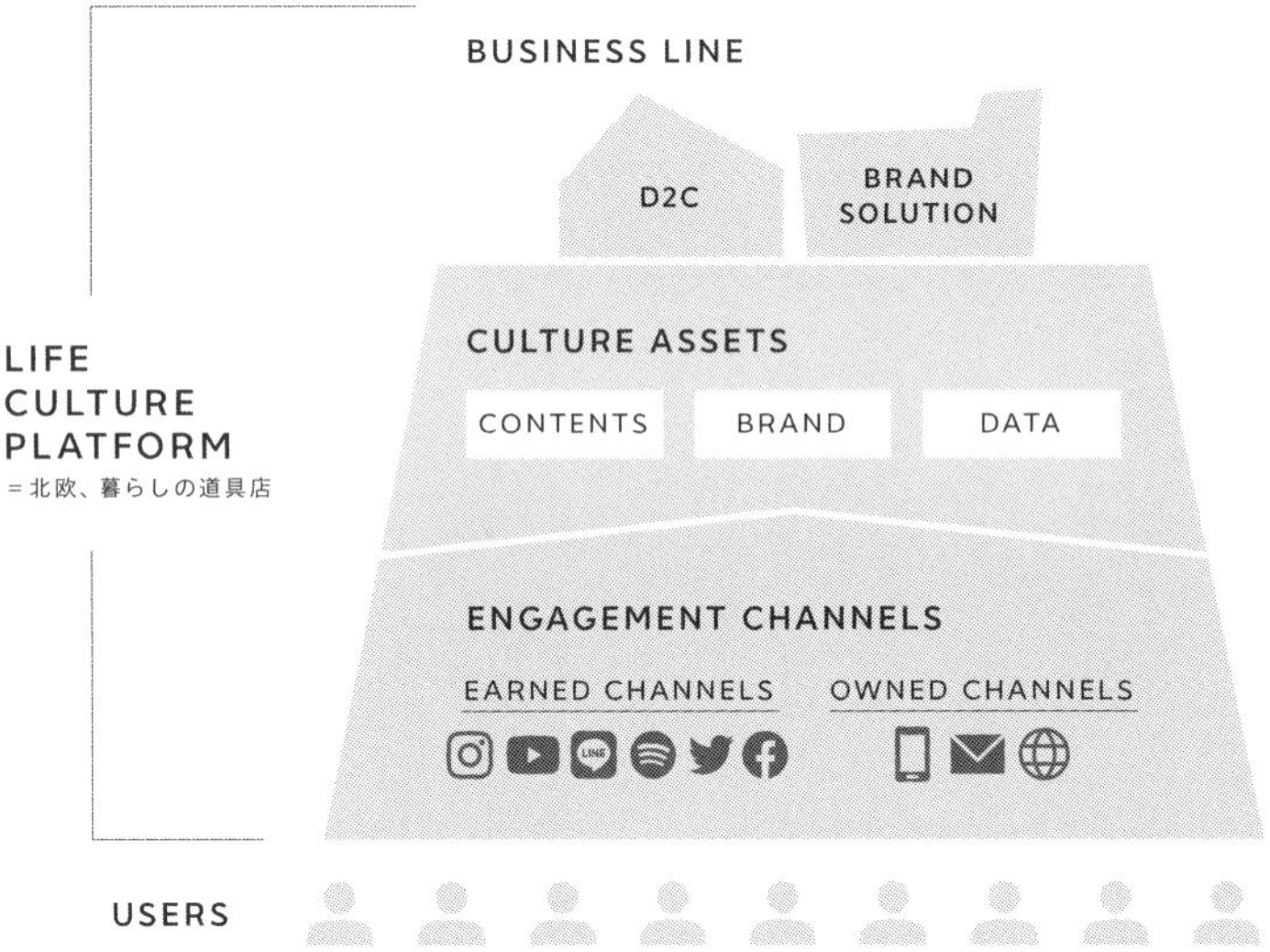

出典：クラシコム事業計画及び成長可能性に関する事項（2022年）

道具店」の持つシンプル・ベーシック・オーガニック・サステナブルな世界観を「ストーリー」で伝えているのである。

またこの世界観の中にECサイト「北欧、暮らしの道具店」で販売する製品を盛り込むことで、動画の中の世界観に共感し、実現を願う人々が「北欧、暮らしの道具店」に集まるという流れが生まれているのだ。この世界観に魅了された人々は、リアルにもその世界観を再現しようと行動に移し、ヘビーユーザーやコアな客層の基盤となり、売上の継続的な向上に大きな影響を与えている。

このように、人々が共感できる「ストーリー」をしっかりと作り出すことで、ビジネスに対する情緒的価値を高め、「応援したい」「関わりたい」という感情を作り出すことが大切である。また、ビジネスの個性を表現する「ストーリー」に一貫性を持たせて継続的な施策を行うことで、自身のビジネスに魅力を持つ人々の愛着をさらに高めることも、「応援される」要素として重要だといえるだろう。

③ ユーザーや顧客が共創できる隙がある——完璧ではないこと

第1章でエンタメにおける推されるポイントでも書いたように、情報が溢れる現代において「完璧であること」はイコールとして「人々にスルーされる存在」であることが多い。それは人が完璧である物事に対して「自分じゃなくても誰かでいい」と「他人ごと化」する傾向にあるからである。つまり「完璧である」ということは、その人にとって、その商品やサービスを「自分が選ぶ理由」がないのである。

ここからいえるのは、顧客が「この商品・サービスを自分が買う理由」を作り上げることができるか。つまり、人々が、自分の商品やサービス、ビジネスを「他人ごと」ではなく「自分ごと」として捉えることが大切であり、「応援される」という文脈においてKeyとなる大きなポイントであるといえるだろう。

では自分のビジネスを人々に「自分ごと化」させるとはどういうことなのだろうか。

ここで大切になる考えが、「作り手とユーザー・顧客とのビジネスの共創の隙をつくる」という考え方である。

人には困っているモノや人を見ると「助けたい」「力になりたい」「応援したい」と

いう奉仕精神が働く。

例えば、２０２１年、60人前の特大ケーキが無断キャンセルされ、「助けてください」とX（旧 Twitter）で店主がつぶやいた内容が拡散され、その店を訪れる人が続出した。サービス価格ということもあったものの、多くの人が善意でそのケーキ屋を訪れたことで、この投稿後、約1時間30分で60人前の特大ケーキは完売したという話である。

この事例からも、「奉仕精神」が人々の購買行動を刺激し、ビジネスにおいて大きな影響力を持ちうるということがわかるだろう。

つまり、**サービス・プロダクトの中での「未完成」な部分や「改善できる」部分、「困っている」部分があるということは、反対にいえばビジネスの大きな強みになりうる**ということである。ビジネスを提供する側は、「助けたい」「力になりたい」「応援したい」と思う人々を巻き込む、**「作り手と、ユーザー・顧客との共創の機会や場」を意図的に提供することにより、自分たちのビジネスに対する愛着を構築させ、人々に自分たちのビジネスを「応援したい」と感じさせることができるのである。**

ワーク　あなたのビジネスにコアはあるか

質問①「消費者や関係者と丁寧に関わる」

あなたのビジネスに集まっている声に耳を傾けていますか。一つ一つしっかりと受け止める体制はできていますか。顧客とのコミュニケーションをもとに行動に移せていますか。

質問②「人が共感できるストーリーをつくれている」

あなたのビジネスにはストーリーが存在しますか。それは誰の（どんな世代の、どんな価値観を持つ人の）共感を呼ぶストーリーですか。

質問③「ユーザーや顧客が共創できる隙がある」

あなたのビジネスには、ユーザーや顧客が共創できる隙が準備されていますか。人々があなたのビジネスに関わってくれる環境をつくれていますか。

顧客のタイプを理解する

「応援されるコア」がつくられたのなら、次に考えるべきは「サテライト」の形成についてである。サテライトの形成は大きく分けて二つの意味を持つ。一つ目が、**「新規顧客への認知を広めて『コア』を知ってもらう入口となる役割」**、二つ目が**「既存の顧客が飽きずに応援し続けるためのコンテンツを提供する役割」**である。

この二つを、しっかりと機能させるために、サテライトコンテンツはいくつかのポイントを押さえて制作・配置する必要がある。そのためにはまず、**どのようにして自身のビジネスを「推し」という存在に変化させるのか、そしてあなたのビジネスを取り巻く「消費者たち」には、それぞれどんな特徴があるのかを理解することが重要**である。

このセクションでは、そんな顧客の種類と特性を知り、自身のビジネスにはどの消費者が多く、またどのタイプの消費者をこれから増やしていきたいのかを明確にしてもらえれば幸いである。

次の図を見てもらえばわかるように、顧客の種類というのは大きく分けて四つに分類することができる。**「Explorer（エクスプローラー）」「Appreciator（アプリシエーター）」「Fan（ファン）」「Oshi Ambassador（推しアンバサダー）」の四つ**である。

あなたは家のシャンプーが切れてしまい、薬局へと買物に行った。

状況1　「Explorer（エクスプローラー）：情報を探す人」

シャンプーに特にこだわりのないAさんは、売り場へ行き、その辺の目についたシャンプーBを手に取り会計をした。この時AさんがシャンプーBを手に取った理由は「安かった」もしくは「たまたま目に入った」であり、特にこ

図4：顧客レベル

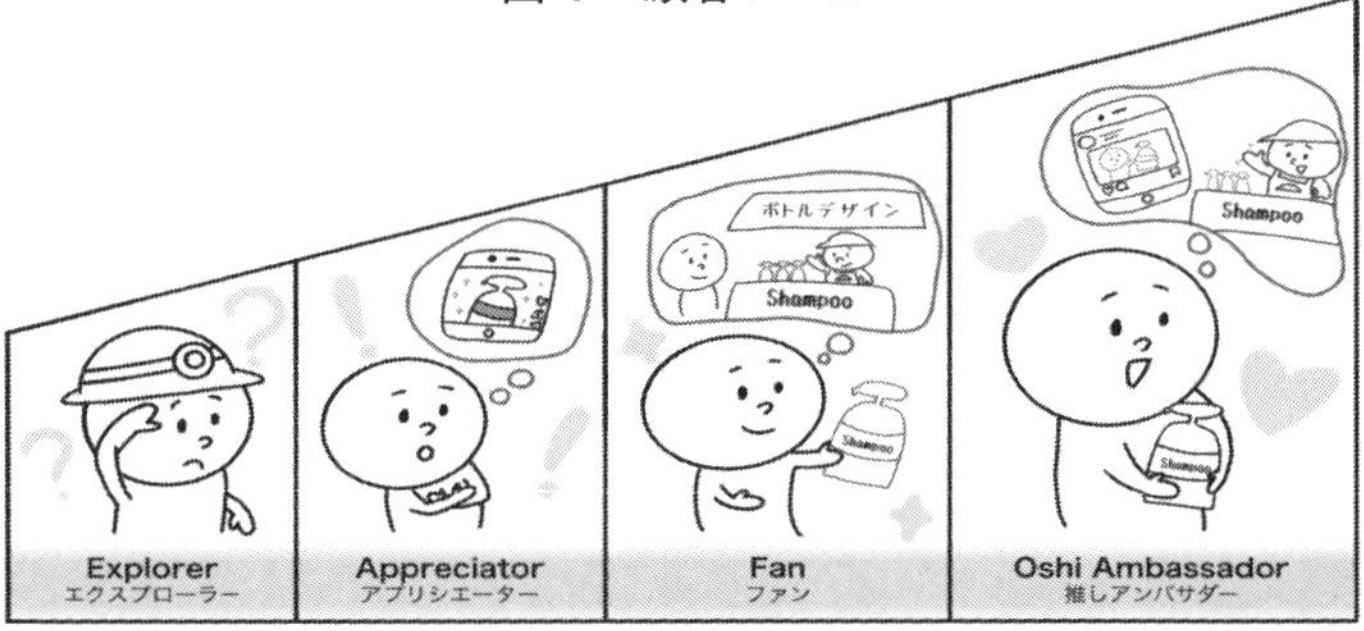

のブランドであるからという特別な理由はない。

この状態の人こそ「エクスプローラー」である。「エクスプローラー」**とは、まだあなたのビジネスを知らない人々のことである。どんな商品なのか、どんなサービスなのかという点において無関心であるという特徴がある。**

そのため「エクスプローラー」が商品を手に取る理由は、多くの場合は「値段」にある。「特売セールをしていてシャンプーBが安かった」というように安さ重視の人もいれば、あまり安すぎるのも心配で「シャンプーB・C・Dの中で、値段が真ん中のシャンプーCを買う」とか、高いものは品質が良いと思っているから「一番高いシャンプーDを買う」という人もいる。こうしたことは、日常の買い物で頻繁に起こっている。

つまり、**「エクスプローラー」は商品を「値段」という眼鏡でしか見ていないので、たとえ彼らが購入してくれたとしても、それは「商品・ブランド」の情報を知り、理解したうえで購入しているわけではないのだ。**そしてそれは一度あなたの商品・サービスを使用したとしても、使い続けてくれる可能性は低いことを示している。

この状態では、価格の変更や時代の変化、他の会社による新しい商品の発売が行われた際、競争の中であなたの商品やサービスは生き残れないだろう。

状況2 「Appreciator（アプリシエーター）：好感を持っている人」

シャンプーに特にこだわりのないAさん。売り場に行くと最近TikTokで流れているシャンプーBが置いてあった。予算内で購入できるシャンプーであり、デザインが好みだったので、Aさんはこの商品を購入した。この状態の人こそ「アプリシエーター」である。この層と「エクスプローラー」との違いは、ビジネスに対しての好感があるという点である。

この「アプリシエーター」状態の人の特徴は、棚の中に様々な商品が並んでいる時、特定の商品に対しての「ひいき目」が入ってる状態であるといえる。様々な商品が並ぶ棚の中で、買おうとしている人の頭の中をよぎる商品の情報によって、他の商品よりもあなたの商品を選ぼうとしてくれる。

例えば、「好きな俳優さんがCMをやっていたな」「友達がめちゃめちゃいいと言ってたな」「パッケージに地元の有名なはちみつ使用って書いてあるな」「パッケージの絵を好きなイラストレーターさんが描いているな」といった情報が「アプリシエーター」の頭の中をよぎることで、他の商品よりも優先してあなたの商品に手を伸ばしてくれる可能性が高いということだ。

もちろん、「エクスプローラー」の人たちと同様、「アプリシエーター」の人たちも、商品・サービスの値段を購入の際に重要視する傾向にあるのは間違いない。ただ彼らにとって、あなたの発信する情報や行動は決して無条件にスルーされるものではない。自分にとって関係のありそうな、もしくは面白いと感じるものであれば、インターネットから得た情報（ＳＮＳで流れてくる広告など）であれ、店頭で得た情報（パッケージやポップに書かれる商品の特徴など）であれ、立ち止まり、目を向けてくれる。**「アプリシエーター」は予算内であれば、あなたの商品を選んでくれる可能性が高いという点において「エクスプローラー」よりも一段階上の消費者レベルであるといえるだろう。**

しかし一方で、「アプリシエーター」にとってあなたのビジネスは、優先順位のすごく高いものではないということを理解しなければならない。やはり彼らにとって「値段」は欠かせない判断材料であるし、店頭で思い出して優先的に買ってくれたとしても、それが長期的に続くのかは微妙なところである。また、店頭で思い出しても、家に帰ってまでその商品に関する情報を調べてくれたり、思い出してくれるというのは稀である。

そのため、**「アプリシエーター」は簡単に離れてしまう可能性の高い消費者である、ということを認識しておく必要がある。**

状況3 「Fan（ファン）」

予算内で好みのデザインのシャンプーBを使っていたAさん。シャンプーBが好きなアイドルグループとコラボをし、限定デザインのものが発売された。そのため、シャンプーBのSNSをフォローし、時々公式SNSから発表されるキャンペーンなどにも参加するようになっていた。

その後も、AさんはシャンプーBを探しに、ドラッグストアをはしごして購入するようになった。この状態が「ファン」の状態といえるだろう。

「ファン」は「アプリシエーター」の「好感」に加えて、商品に対して特別な「愛着」を持つ層である。彼らは、運営側が提供するコンテンツや情報に対して、他の情報と比べると優先的にチェックしてくれる率が高い。

この層は、すでに自身のビジネスに対する理解もある程度あり、またそのうえで「愛着」という信頼感を持っている。つまり、アプローチを正しく行うことができたならば、サービス利用や商品の購入などの行動を積極的に起こしてくれるだろう。

このビジネスでどんな課題解決が行えるかという利便性、そして価格を無視するわけではないものの、そうした問題をすでに抱えてない場合や予算的に少しオーバーであっても「このブランドだから」「このビジネスだから」という心理的感情をもとに購買行動を行う。つまり、「質がいい」とか「便利」とか「安い」という理論的な考えよりも「スターバックスだから」「ディズニーだから」という心理で商品の購入を行っている状態である。そのため、利便性と価格を重視しがちな今までの顧客層に比べて、金銭的な側面において寛容的になりやすいといえる。いい職人が作った2万円の人形と、ディズニーを推している人たちにとっての2万円のディズニーキャラクター人形では、圧倒的にディズニーキャラクターの人形に対してのほうが財布の紐が緩くなりやすい。また、こうした「愛着」の高さは簡単に崩れることはないため、消費者との間により長期的かつ深い関係を築いていくことができるのだ。

とはいえ、この層の人たちはまだ「他のビジネスと比べて愛着を持っている」というレベルにとどまっており、運営からの何かしらの供給、(例えばコラボキャンペーンなど)に反応を示す「受け身な存在」であるといえるだろう。

状況4 「Oshi Ambassador(推しアンバサダー)」

シャンプーにこだわりを持っているAさん。ブランドにも愛着のあるAさんは、最近の購入品として「シャンプーB」をSNSで紹介した。その他、シャンプーBに関連するイベントなどにも積極的に参加するようになり、関係者の人にも顔を覚えられるくらいになっていた。この状態が「**推しアンバサダー**」である。

この層は「ファン」にある「愛着」に加えて、あなたのビジネスに対して「自ら行動を起こしてくれる」という特徴を持つ。これを言い換えるならば「積極的かつ

行動的なロイヤルカスタマー」である。

彼らは、これまでの消費者層に比べて、ビジネスに対する「熱狂度」が圧倒的に高いのが特徴である。「推しアンバサダー」である人たちは、行動を通して売上という側面のみならず「ビジネスの認知拡大」「新たな事業領域の競争」「既存ビジネスの改善フィードバック」など、多様な側面で大きな影響を与えてくれる存在になる。彼らは、「積極的な行動」で自ら情報を収集し、商品の良さを伝えるための普及活動を行い、購買行動を起こしてくれる。彼らの知識量や行動は、実際にビジネスを行っている内部の人間よりも優れている場合があるともいわれ、専門家といっても過言ではない。

企業側と共にビジネスを作り上げてくれる顧客は、「Producer（生産者）」と「Consumer（消費者）」を混ぜて「Prosumer（プロシューマー）」と訳されたり、一緒にビジネスをつくってくれる力強い存在として「顧客のスタッフ化」と呼ぶことがあるほど注目される存在である。

ここまで、現代のビジネスを取り巻く消費者のタイプを四つに分けて紹介し、ビジネスに関わる消費者がどのようにして「推しアンバサダー」という存在にまで成長するのか解説してきた。

ビジネスに推しをつくるうえで重要となるのは、この「四つの消費者タイプそれぞれにアプローチできるサテライト」を準備することである。この四つの消費者タイプが「推しアンバサダー」という存在に成長するためには、サテライトをつくる際にいくつかの「成長ポイント」を意識する必要がある。その成長ポイントを押さえたサテライトを一つ一つ作り出し丁寧に実行、積み重ねることができれば、あなたのビジネスにおいても確実に「推してくれる人」をつくることはできるのだ。

サテライトを拡充させるために理解すべき「成長ポイント」

「推し」がいるビジネスの構造においては、「サテライト」が重要な役割を果たす。

ただ、だからといってサテライトを大量生産すればいいという話ではない。サテライトをつくるうえでは「四つの成長ポイント」を押さえて、コンテンツの制作と仕掛けをつくる必要がある。

そのポイントこそ、次の四つである。

①エクスプローラーからアプリシエーターへ進化させる「価値観グループへの自分ごと化コンテンツづくり」
②アプリシエーターからファンへ進化させる「希少性でのイミづくり」
③ファンから推しアンバサダーへ進化させる「楽しい体験づくりでの愛着づくり」
④推しアンバサダーを継続させる「コミュニティでの行動づくり」

である。

①自分ごと化コンテンツ——ターゲットとなるコミュニティ価値観分析で、ドンピシャにアプローチする

情報の多い現代においては、ただ流れている情報はノイズとして人々にスルーされることが多い。そこで重要なのは、いかに人の「印象に残る」情報を作り出すことができるのかという点である。そこで重要になってくるのが「**自分ごと化コンテンツ**」の制作である。

この「自分ごと化施策」こそ、値段以外の商品やサービス情報に無関心な「エクスプローラー」を他の商品・サービスよりも少し優先度高く私たちのビジネスを見てくれる「アプリシエーター」へと引き上げるための施策である。

第2章では、人気YouTuber「平成フラミンゴ」の人気の秘訣は、彼女たちのコンテンツが「ドラックストアの購入品紹介」であることや、ひたすら彼女たちの「初恋」

について語る内容であることから、芸能人よりも身近で「自分に似ている」「自分に役に立つ情報である」と感じられ「自分ごと化」が生まれていることにあると考えた。

では、実際の商品やサービスを絡ませた「自分ごと化」コンテンツにはどんな例があるのだろうか。

カロリーメイト受験生応援CM——その年の高校3年生に寄り添ったディテールづくりで、毎年印象に残るコンテンツに

大塚製薬が展開するバランス栄養食「カロリーメイト」は、２０１２年から毎年、受験生に向けた応援CMを制作してきた。２０２２年の11月に放映がスタートした「狭い広い世界で」は、コロナ禍を過ごしたその年の高校生3年生のインタビューをもとにコンテンツ制作が行われた。特に「狭い広い世界で」の中心となる高校3年生たちは、勉強時間を記録するアプリ「Studyplus」や「スタディサプリ」を中心に、受験のために「スマホを使わない」のではなく、「スマホを有効活用する世代」であるという調査

結果から、縦型で「スマホ視点」から描く受験生の日常を表現した。そうすることで、毎年流れるカロリーメイトの受験CMという認識を超えて、その年の高校3年生に高い共感を生み「私たちのことだ」と感じさせる「自分ごと化」効果を発揮した。

また、実際にCM内にも登場する「Studyplus」とのコラボキャンペーンや、受験生から人気の高い勉強系YouTuber「QuizKnock」や「Kevin's English Room」とのタイアップ企画を実施することで受験生へとアプローチした。

こうしたその年の受験生に寄り添う「受験生応援CM」は、「今年はどんなCMが来るだろう」という風にSNSで年々話題になっているという。また、こうしたCMには受験生の親から「カロリーメイトのおかげで子どもが頑張れました」という手紙も届くことも少なくないのだという。

これは、「今年の受験生」に焦点を当て、しっかりと調査・分析をし、「今年高校3年生を迎える人」にピンポイントでアプローチしたコンテンツや施策づくりをしたことで、多くの情報の中でも「印象」に残る「自分ごと化」を成功させた例であるといえるだろう。

ここにおける一番の重要なポイントは、人々へと情報をリーチさせること。つまり、あなたのサービスや商品を人々へと認知させることであるといえる。

人々へ情報をリーチさせるうえで重要なのは、「**全ての人に好かれようとしない**」ことである。

現代の情報は全て、パーソナライズの方向へと向かっている。あなたがインターネットを開けば、その情報のほとんどはあなたの過去の検索履歴から推測された、あなたの好きそうな情報ばかりである。何かしらのホームページを訪れた際に出てくる広告も、あなたの今までの検索履歴から推測された、あなたに効果的な広告である。

つまり現代において、国民全体が同じ情報を持つというのは不可能に近い。その代わりに生まれたのが、「同じ価値観」を持った人々の中での情報の広がりであるといえるだろう。

そうした現代の状況を踏まえると、情報のリーチを考えるうえで一番重要であるのは、あなたの商品やサービスを「**どのような価値観を持ったコミュニティにアプローチするのか**」である。

ZONe ENAGY「受験生にしか見えない応援広告」——受験生の必需品「赤シート」を活用、特定のコミュニティに伝える場所と時期選びで話題を生む

エナジードリンク「ZONe」は2022年12月、東京の渋谷駅と池袋駅に「受験生にしか見えない応援広告」を掲載した。

この広告は、年明けの大学入学共通テストやその後の大学二次試験に向けて、年内最後の模試に挑む受験生を応援する広告である。映し出された電子広告は一見、何の文字も浮かばない砂嵐のような画像であるが、受験生が暗記をする際の必需品「赤シート」をかざすことで「小さな積み重ねが君の才能を解放する」「電車でも赤シートで勉強している君たち全員絶対勝て」といった応援メッセージを見ることができるものである。またこれらのメッセージは河野玄斗《こうのげんと》を含む勉強系インフルエンサーたちからの言葉であったことも大きな注目を集めた。

年内最終模試の時期に合わせ、受験生が電車の移動時間も赤シートを使った暗記を

頑張るという特性を理解したこの広告は、テレビ、紙、ウェブといった媒体で290近くの露出に成功。それに加えて、X（旧Twitter）では約8500リツイート・10万いいねを達成した。

つまり、日本に存在する1億2000万人全ての人に向けてではなく、同じ価値観を持った中規模のグループに届けるためのコンテンツづくり・戦略作りを行うことで、彼らの中であなたのビジネスが「自分ごと化」され「語られる」対象となることが重要なのである。

コラム　自分ごと化コンテンツづくりで注目すべき心理的属性と行動的属性

「自分ごと化コンテンツ」を制作するうえでは、「どのような価値観を持ったコミュニティ」にアプローチするのかを明確にするのが大切である。

そのうえで重要なのが、人の心理的属性（Phychographic segmentation）と行動的属性（Behavioral segmentation）の分析である。

心理的属性では、日常の出来事、社会の動きに対してどのような意見を持っているのか。人生において何を重要としているのか。また譲れないものは何か。どんな出来事や物に対して興味を持っているのか。どんな時に嬉しさを覚え、どんな時に悲しさ、悔しさを覚えるか。こうした質問を問いかけて、人々の「価値観」を明確にしていく。

一方の行動的属性は、人々が1日を通してどのような行動をとっているのかを考えるものである。朝は何時に起き、何を食べ、どれくらいの時間をかけて準備をするのか。通勤・通学時間はどのSNSを使って時間を潰すのか。仕事や学校の休憩時間には何をして、家に帰ってからは何をするのか。1日の生活の中で何に一番時間をかけているのか。こうした質問を問いかけて、行動特性を明確にしていく。

心理的属性、行動的属性とくれば、経営学の知識がある人は「ペルソナ分析」を思い浮かべるだろう。しかしここで注意すべき点は、分析を行ううえで「年齢」や「性別」といった人口統計属性（Demographic segmentation）の観点の重要度を下げる必要があるということである。

現代の流れとして、「50代以降はこうした傾向がある」「男子高校生はこういう傾向にある」ということは、ほとんど意味をなさなくなっているからだ。

70代の人がｉＰａｄを使って自ら絵を描いたり、20代の人で「デジタルデトックス」を行う人もいる。また男性でネイルやお化粧を日常的に楽しむ人もいれば、女性でホストになる人もいるのだ。

だからこそ、アプローチするコミュニティを考えるうえでは、心理的属性の人の「価値観」に焦点を当て、人口統計属性の観点の重要度を下げる。さもなくば、あなたの中にある無意識的な「年齢」や「性別」への主観的価値観が分析へと影響してしまい、客観性を失った分析になってしまうだろう。そして、その価値観を持った人々がどのような行動を起こすのか、という行動的属性の観点を分析することで、自分たちの狙うターゲットコミュニティにアプローチするにはどのような方法をとればいいのかが具体的に見えてくるだろう。

②希少性――あなたのビジネスに触れる「イミ」をつくり、消費者と会社の繋がりをつくる

あなたのビジネスが置かれる市場は、必ずと言っていいほど競合他社が存在する。消費者にとって様々な選択肢があった時、「あなたのビジネス」が選ばれるために重要になるのがコンテンツの「希少性」である。

そして、この「希少性」施策こそ、何かのきっかけで他のサービス・商品へと移り変わってしまう可能性が高い「アプリシエーター」から、商品やサービスに愛着と信頼度を持って購入してくれる「ファン」へと成長させてくれるのである。

第2章では、コナンのコラボカフェで実際の作品の中に出てくる「安室透のプレミアムサンドウィッチ」やキャラクターをモチーフにした「江戸川コナンの蝶ネクタイ型変声機クリームソーダ」などを提供し、コナン一色という「場」で多くの人を楽しませる「希少性の最大化」の例を紹介した。

これは、フード・ドリンクの見た目の設計はもちろんのこと、その名前にもこだわり、ファンだからこそ気づく細かい仕掛けを多数散りばめた空間をつくることにより、「今ここでしか体験できない」と感じさせる「希少性」を訪れる人々に伝えている例である。

エンタメ以外のビジネスにおける希少性には、大きく分けて二つの種類があるといえるだろう。**「新規の消費者に対するユニークで目を引く施策」**、そして**「情報をある程度知っている人により面白さを伝えるディープな施策」**である。

「新規の消費者に対するユニークで目を引く施策」では、いかに「なんだこれ！」「気になる！」と感じさせるコンテンツや情報を作り出すかが重要である。

エンタメ学者である中山淳雄氏の著書『推しエコノミー』では、現代の人々は様々な情報の渦の中で Attention（関心）→ Interest（興味）→ Search（検索）を繰り返しているという。インターネットというオープンで情報を簡単に集められる環境では、このサイクルの中でいかに自身のビジネスの「個性」に興味を持ってもらうかが重要である。

ヤッホーブルーイング
――「隠れ節目祝い　byよなよなエール」

株式会社ヤッホーブルーイングは「ビールに味を！　人生に幸せを！」をテーマとして、代表作「よなよなエール」をはじめとしたクラフトビールの製造を行っている。

2023年3月に発表した「隠れ節目祝い　byよなよなエール」は、一人一人の人生に存在する大小様々な節目をお祝いすることのできる「隠れ節目祝いセット」を用意し、特設サイトで応募してくれた人、合計4000名にプレゼントするキャンペーンである。セットは全部で五種類あり、「卒乳してビール飲めるねセット」「イヤイヤ期卒業乾杯セット」「寝かしつけ卒業セット」「お弁当作り卒業乾杯セット」「あなただけの卒業乾杯セット」である。各セットには、ビール二本と共に「卒業証書」ならぬ「卒乳証書」などの節目を祝う証書がついている。

この例は、「少し高い、少しの贅沢」という立ち位置の「クラフトビール」の強みを活かして、「ビールに味を！　人生に幸せを！」のテーマと上手く組み合わせた「隠れ節目」というユニークな情報を創造することで、商品に対する「希少性」を高めることに成功した例であるといえるだろう。

また、このキャンペーンで準備されているセットは、どれも子育ての隠れ節目を表した内容になっている。「子育てをしっかりするのは親のつとめ」という風潮がある中で、自分自身に「お疲れ様」を言う機会を「よなよなビール」が提供する。子育てを行う人々にとっては、「子育て」に視点が当てられることで、より「自分ごと化」しやすくなる。それも、様々なメディア・ＳＮＳで拡散された理由であるといえるだろう。

さて、もう一方の「情報をある程度知っている人へより面白さを伝えるディープな施策」については、ビジネスの個性を存分に活かしたコンテンツ・施策づくりが重要になる。この場合、たとえ短時間でも「個性溢れる情報」に触れたことによる満足感を与えることが大きな目標となる。それが達成された時、人々の印象にも残るものを作り上げることができるといえるだろう。

わかさ生活
——「推しを見るためのブルーベリーアイ」

わかさ生活は、目の総合健康企業として、アイケアサプリメント19年連続売上NO.1を誇る「ブルーベリーアイ」を中心としたアイケア商品の製造を行っている。

そんなわかさ生活は広報の一環としてX（旧Twitter）を行っており、公式キャラクターである「ブルブルくん」（ブルーベリーの妖精）の人形と中の人（馬の被りものを被った人）とのシュールな日常が切り取られる投稿が話題を呼んでいる。また、こうした投稿につっこみを入れるフォロワーの人々への返信も欠かさず、返信してくれる広報アカウントという認知も広めている（2023年、ジャスティン・ビーバーがわかさ生活の店舗を訪れ、ブルブルくんとの写真を自身のInstagramへ投稿したことでも話題になった）。

特に、Ｘ（旧Twitter）では公式ファンネームやハッシュタグとして「#推しを見るためのブルーベリーアイ」を採用。目のサプリメントという単純なイメージから、「推しを持つ人々」をターゲットに、「推しを見続けるために使用する商品」＝「ブルーベリーアイ」という、新鮮かつユニークな印象を与えている。実際にフォロワーがＳＮＳ上で「#推しを見るためのブルーベリーアイ」をつけて、ブルーベリーアイの商品と自身の推し活の様子を投稿する姿も見られるようになっている。

この例は、個性的なＸ（旧Twitter）の中の人の投稿と、「推し」というワードを使い商品に新たなイメージをつける戦略により、「Ｘ（旧Twitter）で面白いことをしているわかさ生活のブルーベリーアイを買いたい」「推しを見るためのブルーベリーアイを買いたい」といった、希少性を生み出している。その結果、このアカウントをきっかけに商品の購入を考える高校生なども見受けられ、アカウントには12万人を超えるフォロワー数が存在している（２０２３年10月時点）。

これこそが、消費者にとっての「希少性」なのである。紹介した二つの例はどれも、「個性的な情報」かつ「パーソナライズ」された情報、キャンペーン、イベントの編集・提供により、「人々」と「ビジネス」の間に特別な関係性を作り出すきっかけを生む施策であった。「この会社ってこんなことやっているんだ」「このイベント面白そう！今しか参加できないんだ！」「このイベントでさらにこんなことを知れて面白かった」。こうした**「希少性」を感じることのできる機会は、その人の中で「ただのコンテンツ」から「楽しさを感じる」「労りを感じる」「学びを感じる」「面白さを感じる」といった「イミ」を持った内容へ変化する。**そうした「イミ」は、人の印象にも心にも残る内容となり、その先の関係値づくりの一歩になりうる。**つまり「希少性の最大化」施策は、人々がこのビジネスに関わる「イミ」を作り出すことで、「人とビジネスの関係値をつくるきっかけ」へと繋がる大事なポイントであるといえる。**

「希少性の最大化」におけるコラボ企画の失敗例と成功例

「希少性の最大化」に関しては、自身のプロダクトやサービスと親和性の高いキャラクターやアーティストの力を借りる「コラボ」も一つの手法である。こうした「コラボ」は、ある意味ビジネスの新しい側面を伝えられるわかりやすい方法であるといえるだろう。

ただ、ここで大切にすべきポイントは、「相互作用」が働くかという点である。多くの場合、コラボ先となる相手には、すでに「推し」や「ファン」が多く存在している場合が多い。だからこそ、「彼らを使うことでいかに自分たちの商品やサービスが特別になるか」だけではなく、そのコラボ相手を好きな人たちが「このビジネスとコラボしたから見れた推しの新しい一面がある！」「このビジネスとコラボしたことで自分の推し活の幅が広がった！」といったポジティブな「希少性」の側面をしっかりと感じ取れる企画・内容であるかを気に掛ける必要があるのだ。

ここでは、コラボにおける失敗例と成功例をそれぞれ見ていく。

ある時、大人気アイドルグループのメンバーがシャンプーのCMをしていた。起用されていたメンバーのメンバーカラーは赤。しかし、シャンプー会社がシャンプーに付けたおまけのバッチの色にオレンジが使用されており、「買う気がなくなった」と語った知人がいた。よく話を聞いてみると、「推しが使われている気分になった。起用すれば、おまけをつければ、人気が出るんでしょ？　といった会社側の意図を感じてしまった」という。

逆に成功した例には、2023年4月から展開された「ホットペッパービューティー×推しの子　#推し髪で行こう！」キャンペーンがある。これは、大人気アニメ「推しの子」のキャラクターであるアクア、ルビー、有馬かなが「ホットペッパービューティー」のCMモデルを目指し、オーディションに参加するというストーリーのもと、アニメシリーズでは見られない三人のヘアスタイル候補をユーザーに提示。投票により、彼らが出演するWebCMのヘアスタイルを決定するというものである。

アニメの放送時期やアニメの文脈を重要視するだけではなく、人気キャラクターたちの「ここでしか見ることのできないヘアスタイル」を実現。ユーザーの投票で人々の参加を仕掛けたこの企画は、「彼らのヘアスタイル決定」の情報解禁後わずか１時間で５０００リツイート、１万２０００いいねが付くという結果になった。また、担当者によると「素敵な企画をありがとうございます!! どのキャラの髪型も素敵で、今度ホットペッパービューティーで予約して美容院行ってきます」といったコメントが多く寄せられたという。

このように、コラボを使った「希少性の最大化」においては、自分のサービスや商品、そしてコラボ先の「推し」「ファン」の人たちの三方を気にかけた「希少性」を生み出すことを重要視しなければいけないといえるだろう。

③楽しい体験――リアルイベントでブランドに対する「愛着」を構築する

ＳＮＳやインターネットが当たり前のように普及している現代において、ＢｔｏＣ

向けの多くの企業が「SNS」をスタートさせるという流れはここ7〜8年で通常化した。しかし、ここで注意すべきは、多くの人々がSNSを利用するのはあくまで「情報収集として」「楽しさの共有として」であり、何より大きな価値を感じているのは「リアルな体験」であるということ。彼らは、リアルへ繋がるツールとしてインターネットやSNSを利用しているのだ。そこで重要となるのは、リアルイベントでの「楽しい体験」の創造である。

このリアルな場での「楽しい体験」は、(もうこの流れで読者の方にはバレているかもしれないが)消費者を愛着のある商品やサービスの情報に受け身な「ファン」から、自ら行動を起こしてくれるロイヤルカスタマー「推しアンバサダー」へと成長させる重要なポイントである。

第2章では、アニメ映画『KING OF PRISM by PrettyRhythm』からスタートした「応援上映」について紹介した。アニメのキャラクターによる「みんなに言いたいことがありまーす」という問いかけに対する観客の「なーにー?」を引き出す映画作りや、観客の「声出し」や応援グッズの持ち込みを解禁することで「キャラクターとのインタラクティブ性」をつくり、映画館において「人と楽しさを共有する体験」を生み出した。それにより、一人の人が同じ映画のために何度も映画館に足を運ぶという現象が起きるようになったのだ。

女子高生が毎日のようにプリクラ機に通うのは、決してプリクラの写真が欲しいという理由だけではない。プリクラ機までに向かうまでのおしゃべりや、かわいくするための鏡でのメイク直し、撮影の時に慌ててポーズを決める時間、出来上がった写真をデコレーションする時間。プリクラ機での撮影を通して生み出される、友達との楽しい時間にお金をかけているというのが心理である。

Immersive Museum
——見るアートから体感するアートへと変化させることで、人々とアートの距離を縮める

Immersive Museum は、東京日本橋三井ホールにて開催されたアートの展覧会である（２０２２年に第一弾、２０２３年に第二弾を開催）。「Immersive ＝没入感」をテー

マとし、広い空間360度にわたって、世界を代表する画家たちの絵を映し出し、音楽や映像の動きを加えることで絵画の世界観を作り出している。参加者は、そうした映像の中を自由に動き回ったり、ソファーやイスに座りながら映像を鑑賞するほか、写真撮影を自由に行うことで、絵画の中に入り込んだ感覚を得ることができる。

これは、絵画の展覧会における「静かに、飾られた絵を見る」という概念を大きく変化させ、「絵の中の世界で動き回る」という「体験」を意識する展示にすることで、アートを好きな人はもちろん、アートに元々興味のなかった層もアートに触れ、楽しむことができるといえるだろう。

こうした**「楽しい体験」は、記憶や印象、何より心に残りやすい**。つまり、ビジネスを通して「楽しい」という感情を生み出すことができれば、顧客に印象を残すことができる。こうして、**顧客とビジネスとの間で複数回の「楽しい体験」を積み重ねていくことで、「これでいい」といった感情から、「これがいい」という特別な愛着を持ってもらえるようになるのだ。**

３ＣＥ店舗「PINK HOTEL」
――女子高生やお洒落女子がインスタ映えを楽しめる空間づくりで韓国ブランドの人気をリード

「３ＣＥ」とは、アパレルブランドの「スタイルナンダ」が生み出したコスメブランドである。日本では、韓国の9人組多国籍ガールズグループ「ＴＷＩＣＥ」のシングル曲「ＴＴ」の発売をきっかけに、「韓国スタイル」に注目が集まる中で、日本の女子高生向け「韓国コスメ」の先駆者として人気を獲得したブランドである。

３ＣＥが女子高生やお洒落女子の中でコスメの定番となった大きな要因は、作り込まれた世界観を体感できる「店舗」にある。ブランドの発祥地である韓国にある店舗「Stylenanda PINK HOTEL」では、その名のとおり建物をホテルに見立て、各階を客室、ロビー、スパ、プールサイドなどのコンセプトで空間づくりを行い、フォトスポットの準備をし、また5階にはドリンクとベーカリーを楽しめる「ピンクプールカフェ」を設置した。こうした店舗が「かわいい」と話題となり、韓国旅行に訪れる人々の名所となった。

韓国の女子高生たちや世界のお洒落女子たちが、そのかわいい空間での「インスタ映え」を狙い、学校帰りや休日、韓国旅行の際に、友達とこぞって3CEの店舗を訪れるという現象が起きた。人々の中で「かわいい写真を撮るため」「お洒落なカフェに行くため」に「3CEの店舗を訪れる」という新しいレジャーが生まれていったのだ。

そうした「体験」のための店舗来店を繰り返していると、人々はやがてその空間に置いてある「コスメ」たちにも目がいくようになる。このような店舗での「コスメを見る」以上の体験を作り出すことで、女子高生・お洒落女子たちの中で「3CEブランド」は圧倒的な支持を得るようになったのだ。

今回紹介した例は、「どうしたら人々に楽しんでもらえるか」を追求し、「リアルな体験」を通して顧客とビジネスの関係を強めることに成功したものである。

企業側は、こうしたリアルな体験において、一回一回の楽しさを追求することはもちろん大事だが、人々に同じ体験を複数回にわたって経験してもらう必要もある。このように人々と企業側が「楽しい思い出を共有」することが、成功に繋がるのだ。

リアルイベントにおける「楽しい体験」は、ビジネスと人との間に特別な感情を生み出す。これは、顧客があなたのビジネスに愛着を持つことにも繋がり、あなたのビジネスにとって「簡単には離れない強い存在」をつくることにも繋がる。

だからこそ、リアルにおける、人々にとっての「楽しい体験」の要素を意識したコンテンツづくり・施策で「愛着」という人々との強い絆をつくることが重要になってくるのだ。

④好きの集まるコミュニティの生成――同じ「好き」を持つ人々の行動を活性化させる

「推し」が「ファン」と大きく異なるのは、応援してくれる「行動力」である。この行動力を束ねて、大きな影響力へと変化させるのが「コミュニティ」の力である。

この「コミュニティ」の形成は、顧客レベルの最上級「推しアンバサダー」**を長期にわたって継続してもらうための重要な要素である。**なぜなら人は一度「推しアンバサダー」になったからといって、一生その状態でいてくれるとは限らないからだ。何かのきっかけで「ファン」や「アプリシエーター」に戻ってしまうこともある。「推しアンバサダー」の継続性を促す施策として、大切になるのが、ここで紹介する「コミュニティ」である。

第2章では、2023年に韓国汝矣島で行われた「BTS 10th Anniversary FESTA」が、メンバーの来場がほとんどないイベントにもかかわらず、会場に世界中から40万人もの人が訪れた内容を紹介した。BTSは、独自のファンネームや造語を人々と共有することで言語の壁を越えた「BTS好きコミュニティ」を形成するだけでなく、「Weverse」というBTSを好きな人だけが集まり、本人たちと一緒に様々な投稿で思いをシェアする「場」をつくることで、熱狂的かつ世界的なコミュニティを作り出したのだ。

「コミュニティ」は、同じ「好き」を持つ仲間が集い活動することで、飽きることなく対象のことを好きでいつづけるための重要な要素である。また、同じ「好き」

で繋がった仲間と様々な思い出をつくる活動は、その人自身の「記憶」にも「心」にも残り、その人の中で「重要度」が高まることを意味する。その人の生活において「重要度」の高いそのビジネスは、その人の「推しビジネス」となり、長く愛してもらうための重要な要素であるといえる。

そのためのコミュニティは、それを好きな人たちが熱い思いを持って自らつくる場合もあるが、運営側がその「場」をつくり、提供するという場合も多々ある。

さらばＢＡＲ
――芸人「さらば青春の光」が好きな人が集う聖地を自ら作り出す

「さらばＢＡＲ」は、芸人「さらば青春の光」が運営する五反田に佇むバーである。メニューにはコンビのひとり森田哲矢がおすすめする「ブロッコリーの素揚げ」を楽しめるほか、さらば青春の光が週に一回オンラインサロンで生配信しているトーク番組の収録がこのバーにて行われている。また、「さらば青春の光」の YouTube の撮影は、多くがこのバーのある五反田エリア中心に行われているため、「さらば青春の光」を好きな人々はバーに寄るついでにYouTubeの聖地巡礼もできるようになっている。

「さらば青春の光」を好きな人々にとっては、「さらばBAR」がオンラインサロンで毎週楽しみにしている生配信の撮影スタジオであるということから、一種の憧れの地となっているのだ。彼らは、たとえ一人でもこのバーへと足を運び、バーにいる人たちと「さらば青春の光」について思う存分語るという現象が起きている。

こうしたYouTube×ネット配信番組×人が集まるリアルの場という三つの要素を上手く掛け合わせたことで、「さらば青春の光」がマネージャーと三人で運営する個人事務所は年商3・7億円という大きなお金を生み出している。

これは芸人側が「場」を提供したことで、リアルな世界におけるコミュニティがつくられ、「さらば青春の光」を推す人々に新たな楽しみ方と行動の仕方を示した例であるといえるだろう。

こうした運営側が「場」をつくるうえで重要とすべきなのは、「推してくれる人同士」の交流をベースに活動を促すことである。「楽しい体験」では「好きな人」×「運営者」という活動面が大きいのに対して、**コミュニティでは「好きな人」×「好きな人」**

の交流を重要視している点が大きな違いである。

運営側は、コミュニティを考えるうえで、二つのポイントを押さえた「場」づくりを意識する必要がある。

一つ目は、**コミュニティメンバー誰もが発言・提案できる仕組みづくり。**

二つ目が、**「好きな人」×「好きな人」の交流を促す活動の継続**である。

「コミュニティメンバー誰もが発言、提案できる仕組みづくり」は、彼らの自発的な行動をサポートする機能として働く。「好きな人」が集まっている場において、一人一人の「こんなことをしてみたい！」の提案、「こんなことをしてみた！」の共有ができることで、**人々の行動のハードルが下がり、運営者がいなくとも常に人々によって新しい情報が生まれる場所へとコミュニティが変化**していくのである。これは、**「推しへの愛が冷める状況」によくある「供給が少ない」というリスクを軽減できるともいえるのだ。**

ウェザーニュース
——サポーター参加型企画「ウェザーリポート」

株式会社ウェザーニューズが展開するお天気アプリ「ウェザーニュース」では、全国各地に存在する有料会員たちが「ウェザーリポーター」として登録することで、自分の地域の現在の天気や雲の様子、自然現象、体感、気温、湿度など「見たまま」を投稿することのできる「ウェザーリポート」というサービスがある。毎日の投稿に加えて、毎年3月〜6月の桜前線の時期に合わせて、サポーターが自分の地域の桜の開花・満開状況を画像などでリポートする「さくらプロジェクト」なども行われている。

こうして全国から集まるウェザーリポートは、他のアプリユーザーやサポーターに共有され、ウェザーニュース内の記事や番組、提携するテレビのニュース番組で投稿内容が紹介される。また、サイトには「いいね」機能も付いていることから、サポーター同士がコミュニケーションをとれるようになっている。こうした機能が話題を呼び、リポーター数とリポート数は年々伸び続けている。２０２２年の関係者のインタビュー記事では、全国から毎日約18万通のレポート、そのうち写真付きのレポートは

2万通にも上ると書かれている。

「ウェザーリポーター」のシステムは、まさに人々が気軽に、そしていつでも自由に投稿し共有することができる仕組みが備わっているといえるだろう。またウェザーリポーターは、閲覧者がコメントや「いいね」を投稿者に送ることができたり、実際にテレビや記事でリポートの内容が取り上げられたりすることで、より「コミュニティに所属する満足感」「コミュニティの一員としての楽しさ」を感じられることから、コミュニティの拡大と継続が成功している例であるといえるだろう。

「好きな人」×「好きな人」の交流を促す活動は、コミュニティメンバーの関係性の構築を支える機能を果たす。コミュニティにおける大きな強みは、人々の関係値にあるといえる。

「好き」を中心に人々が集まった先に必要なのは、そこに所属する人々との交流機会である。コミュニティには様々な人が集まる。「好き」を語る友達が欲しい人。「好き」をもとに行動する仲間が欲しい人。「好き」が溢れる空間にいたい人。また、まだコミュニティに入りたての人。設立当時からコミュニティにいる人。そうした人々が自ら交流を始めるには、やはり一つ大きな壁がある。だからこそ、運営側が交流の機会を設けることで、コミュニティ内の関係を構築する初めの一歩のお手伝いをすることができるのだ。また、コミュニティに長くいる人々の定期的な交流の場にもなり、より深い関係値をつくることにも繋がるといえるだろう。

コミュニティに所属する人同士の関係の強さは、コミュニティの強さを表す。だからこそ、人々がコミュニティに所属する「イミ」となりうる人同士の関係値づくりを支える交流施策をとることが大切になってくるのだ。

lululemon（ルルレモン）
――ヨガコミュニティとの関係づくりで、強いブランドをつくる

lululemon（ルルレモン）は、1998年カナダのバンクーバーで創業した、ヨガやスポーツなどのアクティブウェアを展開するブランド。過去に日本撤退を経験しながらも、2016年に日本に再上陸。今では日本に9店舗、全世界で約600店舗の直

営店と自社のＥＣを抱える。

lululemon のマーケティングはヨガやフィットネスジムコミュニティの指導者たちに自身のブランドを取り込んでもらうことを重要視するものである。例えば、lululemon の直営店の立地が決定すると、まずその近くのヨガスタジオや、フィットネスジムへ行く。そして、そこで受講生たちにヨガやフィットネスを教える「指導者」に製品を実際に使ってもらうのである。また、その「指導者」の人たちをアンバサダーと認定し、積極的かつ日常的に lululemon の製品の使用、情報の発信をしてもらう。そうすることで、店舗が実際に完成する頃には、彼らの教え子などを通じて、地域のヨガやフィットネスコミュニティに lululemon の認知が広まっている状態が完成しているのだ。

また、定期的にヨガ教室を開校。ヨガを中心にして、日常的に人が集まる「場」を提供することで、lululemon が日常の大切な要素として人々の中で存在するようになる。

こうした「好きな人」×「好きな人」の関係性を生み出すブランドと、消費者の

ダイレクトではない繋がりの強さは、その客観性＝信頼性となり、人々の中で比較的早く「重要度」を高めていく。

このように、ビジネスに対する「好き」を主軸にした「コミュニティ」を形成するためには、「人が集まる『場』をつくる」こと、「人が自由に発信できる仕組みをつくる」こと、そして「人が関係値を構築できる施策を継続的に行う」ことが重要である。

こうしたコミュニティが熱狂的なファンつまり、「推してくれる人」をつくったともいえるブランドがある。それがSnow Peakである。

Snow Peak
——会員制度、体験イベント、アプリ・Facebookでの「野遊び」の共有で熱狂的な「推し」コミュニティをつくる

Snow Peakはアウトドア製品の企画、製造、販売をメインに行う会社である。

１９９０年代、オートキャンプブームが落ち着きを見せ、会社の利益が減少していく中、社員の提案によって、製品の利用者と社員とのキャンプイベント「Snow Peak

Way」がスタート。それ以来「Snow Peak Way」を中心としてユーザーとの繋がりを大切にする施策を行ってきた。現在も続く「Snow Peak Way」は、全国各地のキャンプ場で多くのユーザーがSnow Peak社員や店舗スタッフと一緒にキャンプを楽しんでいる。全員で楽しめるコンテンツや焚火トークのほか、Snow Peakのスタッフに用具の使い方を聞くなど、キャンプを通したスタッフと参加者との交流を楽しむことができるのが大きなポイントである。

また、Snow Peakには会員制度があり、一定以上の会員のみが参加できる「Snow Peak Way Premium」が存在する。ここでは、実際のユーザーが経営陣たちと一緒に焚火を囲みながら、製品について、またアウトドアについて、会社について直接話すことのできる機会があり、社長に一緒に写真を撮ってもらったり、サインを貰う参加者もいる。このイベントの人気は高く、参加倍率が10倍を超えることもある。

Snow Peakが運営するFacebookでは、1・5万人のコミュニティメンバーが企業の提唱する「野遊び」の体験を日常的に共有しており、メンバー間での積極的な交流が生まれている。Snow Peak公式コミュニティアプリ「『野遊び』で見つける、つながる」

でもFacebook同様キャンプの様子をメンバーがシェアし、それに他のメンバーが反応するといった活動が生まれているほか、「Snow Peak Way」などで出会ったメンバーやスタッフとQRコードでアカウントを交換、仲間との繋がりをアプリ上で残すことのできるサービスも展開している。

これらの例からわかるように、Snow Peakはリアルやオンラインで参加者が自由に発信できる「場づくり」を行い、コミュニティを通して「人との関係値を築くきっかけ」を作り出しているのだ。

こうした施策こそ「スノーピーカー」とも呼ばれる熱狂的な「推し」コミュニティを作り出しているといわれている。事実、参加倍率が10倍に上ることもある「Snow Peak Way Premium」の参加権限は、会員レベル「ブラック」以上。つまり商品累計購入金額100万円以上であるが、毎年高い倍率の参加抽選となっているほか、ビジネスの利益としても2019年に140億円前後だったのが、2022年には2倍以上の360億円以上に上っている。

やはり「スノーピーカー」の強みは、コミュニティで生まれた人と人との繋がりと、その先にある彼らの行動力である。彼らはコミュニティ内で行動を起こす中で、Snow Peakの中に人生の楽しみの一つを見つけているのである。こうしてつくられた人々の思いと行動が、ビジネスの成長にも大きな影響を及ぼしているのは明らかである。

だからこそ「コミュニティ」を運営側が作り、盛り上げ、人々にとっての「推し」をつくることは、これからのビジネスにおいて重要な要素であるといえるだろう。

ここまで紹介してきた四つの成長ポイントは、自分のビジネスを取り巻く様々な消費者のレベルにアプローチする施策である。**「サテライト」のコンテンツや施策をつくるうえでは、一つ一つ成長ポイントを意識して制作し、それぞれの消費者レベルにまんべんなくアプローチし、人々の「推し」になることこそが重要である。**そしてそんな「推してくれる人」が集まったコミュニティを強くすればするほど、あなたのビジネスはちょっとやそっとのことでは倒れない強い「味方」を手にするのである。

応援される「コア」と「サテライト」をつくるうえで無視できない注意点

ここまで、ビジネスにおける「推し」をつくるうえで重要となる二つの考え方「応援されるコア」「サテライト」に必要とされるポイントについて語ってきた。

自分のビジネスを「推してくれる人」をつくるには、「応援されるコア」と「サテライト」をどうやって一つのビジネスとしてデザインしていくのか考えていく必要がある。

そうしたデザインを行う際に、せっかくつくった「応援されるコア」と「サテライト」の良さを潰さないために注意すべきポイントが二つある。

それは「**メッセージ性の統一**」と「**UGCの意識**」である。

信頼を勝ち取るメッセージ性の統一

応援されるコアとサテライトの相乗効果を最大にするために重要なのが「メッセージ性の統一」である。

様々な職場で「信頼できる人」に仕事を任せたいと感じるのと同じように、「推し」の対象にも「信頼性」が大切となる。

そんなビジネスの「信頼性」を獲得するために重要となるのが、応援されるコアとサテライトの「メッセージ性の統一」である。

例えば、あなたがＳＮＳでたまたま見かけた香水のプロモーションに惹かれて店舗に訪れた。プロモーションでは水色を基調とした「爽やかな印象」を受けたのに対して、実際に店舗に行ってみるとピンクを基調とした「かわいらしい」空間であった。あなたは店舗の前までは行ったものの、考えていた空間と違う感じだったことから実際に目当ての商品を見ることなく店舗を後にした。

ここまで大げさなものはあまりないにせよ、こうした**「メッセージ性のミスマッチ」による「興味の失い」はよくあること**である。男女兼用、ジェンダーレスコスメのブランドなのに、店舗に行くと女性の店員しかおらず、男性は入りにくさを感じ結局店舗前で引き返してしまった。好きなキャラクターとのコラボを大々的にプロモーションしていたシューズブランドが、店舗に行くとコラボ用のコーナーが何もなく、結局コラボ商品を買うに至らなかった。こうしたことは本当によく聞かれる例である。

人々がサテライトのコンテンツを見て、中心のコアへと入ってきた時に「思っていたのと違う」と感じさせてはいけない。「期待どおり」もしくは「思っていた以上」の満足感を与えさせなければならない。さもなくば、人々がビジネスに対して「愛着」を築き上げる前に、ビジネスに対する興味を失ってしまうだろう。

また、「メッセージ性のミスマッチ」は、既存の推してくれる人に対してもネガティブな印象を与えやすい。「推し」を持つ人々の「推し」をやめる一番の理由が「運営側の誠実性が見えない時」である。

こうした**一つのビジネスを取り巻く「メッセージ性」は、そのビジネスに関わる**

人が増えれば増えるほどズレを起こしやすい傾向にある。だからこそ、サテライトをつくる前に、中心の応援されるコア要素のメッセージ性をしっかりと確認・整理することが重要となる。

そうすることで、様々な角度からの表現やアプローチを設計することができ、サテライトから応援されるコアへ、逆に応援されるコアからサテライトへと人々が違和感なく飛び回ることができる。その中で生まれるビジネスに対する「認知」や「体験」「愛着」「コミュニティ意識」こそが、「推してくれる人」という強い味方へと変化していくことに繋がるのだ。

UGC（User Generated Contents）の意識で関係人口を増やし、人々の行動を促す

応援されるコアとサテライト、それぞれを考えるうえで共通して頭に置いておくべ

きコンセプトが「ＵＧＣ（User Generated Contents）」である。これを日本語へと直訳すると、「ユーザーが自ら作り出すコンテンツ」となる。身近によくあるＵＧＣは、レストランへの口コミやTikTokへのダンス動画投稿コンテンツなどがあげられる。

情報が溢れる世界において、運営者側から発信される一方的な情報というのは、受取手にとって「疑いのフィルター」が入る一方で、「ＵＧＣ」はその客観性から情報の信頼度が高く、ユーザーが素直に受け取りやすいのが特徴である。

では、「ＵＧＣ」を意識するというのはどういうことなのだろうか。

これは、人が真似する、人がシェアしてくれる土台のコンテンツづくりを心掛けるということである。

森永チョコレート　ベイク　#ベイクを買わない理由１００円買取
――ユニークなお題で、ハッシュタグ投稿を促進、高いＵＧＣへと繋げる

２０１９年森永チョコレートは「焼きチョコ」として人気を博した商品「ベイク」の売上低下を受けて、「#ベイクを買わない理由１００円買取」をＸ（旧Twitter）で行った。これは、森永チョコレートのアカウントをフォローし、「＃ベイクを買わない理由１００円買取」の書かれたキャンペーンの投稿を引用する形で、ベイクを買わない理由を投稿すると、Amazon ギフト券１００円がプレゼントされるというもの。そのユニークかつ自虐的な施策が話題を呼び、投稿した次の日には投稿が4万件を超え、予算の関係上2日でキャンペーンを終了するに至った。

これは、人々に対して真似するための要素や方法を明確に提示し、簡単かつ楽しく参加できるコンテンツづくりに成功した例であるといえるだろう。

「ＵＧＣ」は、あなたのビジネスにおける関係人口を増やしていくための考え方である。どこかのタイミングであなたのビジネスを思い出してもらう、実際に課題にぶち当たった時の解決法の一つとして思い浮かべてもらう。

そのためには、どこかしらで人とビジネスの関係性を薄くでも「繋いで」おかなければならない。「ＵＧＣ」は、まさに「参加」という形で「推してくれる人」特有のユーザー自身の行動量と行動力を高める効果があるといえるだろう。

「ＵＧＣ」の考え方の根本として、「ユーザーと運営者とのコミュニケーションを重要視する」ということがいえるだろう。

自分から熱狂的に行動してくれる「推してくれる人」という存在を意識するうえでは、ユーザー自身がビジネスをつくる輪の中にいることを感じられることが重要である。

そういう意味で**「ＵＧＣ」を意識したコンテンツの制作は、ビジネスにおける「関係人口＝ビジネスに私が関わっているという意識を少しでも持っている人の数」を増やしていくことに繋がる**のだ。

「推してくれる人」ができるビジネスを実際にデザインしてみる

ここまで、「応援されるコア」に必要とされる三つの要素、導入と継続を促す「サテライト」をつくる際に押さえるべき四つの成長ポイント、そして応援されるコアとサテライトをつくるうえで無視できない注意点を二つ学んだ。

ここでは最後に、新商品を例にとり（紹介する新商品はこの本のために用意された架空の商品）、「推してくれる人」ができるビジネスの要素を整理していく。

このセクションを読むことで、この本で述べて来た内容の具体的なアクションがより明確になれば幸いである。


では、はじめていこう！

応援される「コア」を理解する

あなたの会社では、新しくスポーツ飲料水を作り売り出すこととなった。まずは商品そのものが「応援される」要素はどこにあるのか、いわゆる「応援されるコア」を整理していく。

今回取り上げる商品の概要

スポーツなど汗をかく行動をとった人々の脱水症状を防ぎ、効率的にミネラルと水分の補給を助けるスポーツドリンク商品。スポーツ現場における、体調管理を手助けする商品である。

要素1　消費者や関係者と丁寧に関わる

あなたのビジネスに集まっている声に耳を傾けていますか。

＝

スポーツドリンクに対する問い合わせフォームの他に、スポーツドリンクにまつわる物語や思い、また改善してほしいことなどを気軽に投稿できる場を開設。そこに届いた内容は、相談者様に許可を取ったうえでSNS上に公開し、定期的に回答していく。また公式SNSでも、X（旧Twitter）やInstagramなどに落ちているビジネスに関するコメントへのリプライ、良いポストの再投稿を行う。

要素2　人々が共感するストーリーを持っている

あなたのビジネスにはストーリー（物語）が存在しますか。

＝

中高生の部活動の日々に常に寄り添うのが私たちの提供するスポーツドリンク。毎日の練習に、練習後のミーティングに、仲間とぶつかった時に、顧問に怒られた日に、大切な試合中に、試合に勝った日に、負けた日に、画面の中の選手に憧れた日に。部活動を通して、様々な感情や状況と戦い、一歩一歩大人へと成長していく中高生に寄り添ってくれる。どんな時も「よし行こう！」と次の一歩のために立ち上がる中高生に寄り添うスポーツドリンク。

それは誰の（どんな価値観を持つ人の）共感を呼ぶストーリーですか。

＝

今現在部活動に青春を捧げている中高生はもちろんのこと、それを支えるマネージャーや指導陣、親御さんたち、また過去に部活動に一生懸命取り組み汗を流した人々など「スポーツを通した成長」を感じている人々の共感を呼ぶストーリー。

要素3　ユーザーや顧客が共創できる隙がある

あなたのビジネスにはユーザーや顧客が共創できる隙が準備されていますか。

＝

大切な試合や、チームの結束力を高めたい時、また中高生の部活動の大切な日を応援したい時、「あなたのチームだけのボトルデザイン」を発注することができる。ボトルの形から、ラベルの色、ラベルの中に入れたい写真や文字を選ぶことができ、「あなたのチームだけ」の特別なボトルデザインができる。

また、通常のボトルデザインも、今まさに部活動を支えるマネージャーたちを公募で募り一緒にデザイン。どのボトルの形が持ちやすいのか、どんなラベルデザインだとやる気が出るのかを考えながら制作を行う。等身大の「スポーツで成長する」人々に送る、応援のデザインをつくりあげる。

応援されるコアを取り囲む「サテライト」について整理していく

成長ポイント①　ターゲットのコミュニティ価値観分析で「自分ごと化」コンテンツをつくる

【#私の心を動かしたスポーツの瞬間】

9月の1ヶ月間、人々に「私の心を動かしたスポーツの瞬間」をX（旧Twitter)、Instagram などのSNSにハッシュタグをつけて投稿してもらう。現在部活動に励む人々には、主にInstagram や TikTok を通して、高校生活で感動したスポーツにまつわる瞬間を写真や動画で投稿してもらう。一方で20代以降の世代にはX（旧Twitter)を通して、自分の中で記憶に残っているスポーツの瞬間を主に文字で投稿してもらう。寄せられた投稿は、スポーツの日1日だけ公開されるWebCM、「青春の中のスポーツ編」「選手を応援する仲間編」「スポーツで繋がる熱狂編」の三種類の制作に使用される。

成長ポイント②　「希少性」を最大化させた施策、あなたのビジネスに「イミ」づくりを行う

【「今」を記録する思い日記】

無料でアカウントを作成し、購入したスポーツドリンクのQRコードを読み込むと、毎日一回あなたの「今」の思いを記録できる日記ページが登場。今感じている様々な感情を日記に記すことで自分自身を振り返り、明日へと繋げることを応援する。また日記は公開・非公開を選択でき、公開にした場合、今日投稿された他の人々の「今」の思いを匿名で見ることができる。

成長ポイント③　リアルイベントで「楽しい体験」を生み出し、ブランドに対する愛着を生み出す

【プロと仲間から学べ、成長のためのごちゃまぜスポーツ大会】

スポーツの日に、中高生向けのスペシャル試合を開催する。様々なスポーツのブースには、事前に応募して集まったメンバーが集結。全員をシャッフルしたうえでチームを編成してミニゲームを行う。

競技のコーチにはプロ、または元プロ選手をキャスティングし、「スペシャルコーチ」としてチームもしくは個人に指導を行ってもらう。生徒たちは憧れのプロ、元プロ選手の指導を受けられるほか、自分の学校以外における同じスポーツをする仲間と出会うことができる。

また、マネージャーや親御さん、見に来た友達向けには、スポーツ飲料の「ラベルデザイン体験」を提供。ペンなどを使ってスポーツ飲料のラベルに好きな文字、好きな絵を描き、ボトルに貼り付けて持ち帰ったり、選手にプレゼントすることができる。

成長ポイント④　好きが集まるコミュニティを形成し、人々の行動活性化に繋げる

【スポーツ飲料を飲んで繋がる、スポーツ先輩相談室】

スポーツ飲料に付いているシールを一定数以上集めて本社へと送ると、「会員招待コード」と「会員証」が届く。規定のURLから自身の会員ページへとアクセスすると、過去全国大会優勝者による各競技の難しい技のやり方動画やスポーツ飲料を使って仲間にサプライズをするアイディア動画などを見ることができるほか、自分でも投稿することができる。

また、身体づくりや難しいプレーのコツなど、スポーツに関する悩みを匿名で相談することができ同じコミュニティにいるスポーツの先輩がそれに匿名で答えることができる。

過去にスポーツをガチでやってきたスポーツ飲料社員によるミニ企画コンテンツやイベントに抽選で参加することができるほか、希望すれば会員にのみ無料でプレゼン

トされるオリジナルデザインのスポーツ飲料水筒を手に入れることができる。

「推し構造」をつくるうえで注意するべき2つのポイントを振り返る

「メッセージ性の統一」で信頼性をつくる

「スポーツを通した成長に寄り添う」が応援されるコアでありサテライト全体を通して一貫しているメッセージ。メインは中高生で部活動に励む人々であるが、それを支える指導者、マネージャー、友達、家族など、またスポーツを通して少しでも「成長」を感じた人、またスポーツを通じた成長を支え、応援したい人々に寄り添う企画・施策づくりを行っている。

全体で「UGC」を意識する

応援されるコアでは、特別行事におけるオリジナルボトルデザイン提供でUGCへの誘導と、それを通したInstagramなど写真機能の付いたSNSへの投稿拡散を意識している。

また、サテライトの「『今』を記録する思い日記」や「ラベルデザイン体験」、ハッシュタグを使ったキャンペーンを通して、UGCを促し、企業側とユーザーの双方向による情報発信を意識した。

まとめ

どうだろうか、実際に自身のビジネスの「推し構造をつくる」道筋が少し見えただろうか。

「応援されるコア」を考える、それを支える「サテライト」を考える。この二つを繋げる。これらの要素を一つ一つ丁寧に考え、書き出し、繋がりを可視化することは、自身のビジネスが「何者であるのか」を知り、理解することに繋がっていくであろう。

自身のビジネスを理解し、顧客を理解し、応援される存在になる。応援され、一緒に成長していく「自走的かつ自律的なビジネスをつくる」。そのためには、応援されるコアの三要素と、サテライト拡充の四つの成長ポイントが準備され実行されているか、問いかけてもらいたい。そしてコアとサテライトを繋げる二つのポイントに注意したビジネス構造を描いてもらいたい。

それこそが、自分のビジネスを「推し化する」ことであり、この本のタイトルに書かれている現代の推し活経済から学ぶ「新しいマーケティングのかたち」であるといえるだろう。

応援されるコアの三要素

- 消費者や関係者と丁寧に関わる
- 人々が共感するストーリーを持っている
- ユーザーや顧客が共創できる隙がある

サテライト拡充の四つの成長ポイント

- ターゲットのコミュニティ価値観分析で「自分ごと化」コンテンツをつくる
- 「希少性」を最大化させた施策でビジネスの「イミ」づくり
- リアルイベントで「楽しい体験」を生み出し、ブランドに対する愛着を生み出す
- 好きが集まるコミュニティを形成し、人々の行動活性化に繋げる

コアとサテライトを繋げる二つのポイント

・メッセージの統一性
・ＵＧＣ

おわりに

私は小さい頃から、アイドルを中心として「推し活」を行ってきた。その時に常に感じていたのが、推しを持つ彼ら・彼女らの「行動力」と「熱狂度」の高さである。好きなアイドルのコンサートのため日本中を飛び回ったり、グッズをたくさん買ったり、セリフを覚えるほど何度も好きなアニメや映画を見たりする日常の中で、何より印象的だったのが「推し」を持つ人々がそうした活動を心の底から楽しみ、幸せそうであったことである。

私自身、高校でビジネスに興味を持ち、大学で「経営学」を専攻しながら経営学の歴史などを学ぶ中で「お金」「資本」「効率」を重視した理論を多く見聞きしてきた。大学での学びの中でその構造の面白さを感じると共に、ところどころで見られる「人間の感情的側面を無視した」ビジネスの考え方に苦手意識を感じることがあった。

そんな中、「好き」の感情を大切にするビジネスの考え方、「ファンベース」の在り方を知り、共感すると共に一つの考えが生まれてきた。その「好き」の感情をもっと拡大し、行動力を持ったコミュニティを作る「推し」という考え方も、ビジネスの新しい形として提示できるのではないか。それこそが今回の出版に繋がる一つの理由になる。

私は、「推し」を通して、自分と考えも価値観も全く違う素敵な人たちと出会うことができた。アメリカのホストシスターとは、K－POPを通じて仲良くなり二人でよく出かけていたし、今の大学の親友はお互いが同じアイドルグループ「嵐」を好きなことから意気投合し仲良くなった。

私は小、中、高、大の人生の中で、「推し」を取り巻く環境が常にポジティブな感情と共にある素敵なものであると実感してきた。だからこそ、私のもう一つの好きなものである「ビジネス」にも、このポジティブな感情取り巻く「推し」という考え方が広まってもらいたいと思っている。

この本を書き終わった今、書き始めた当初と変わらないのは、「推し」という考え方が、「ビジネス」と「ユーザー」の長期的かつ良好な関係を築くために、この先の未来で重要なポイントになるという確信である。

皆さんには、この本を通じて今社会で大きな力を持つ「推し」という考え方を理解すると共に、自身のビジネスに「推し」という思考を取り入れることの可能性を感じてもらえれば幸いである。

最後に、私の話をいつも聞いてくださり様々なチャンスを与えてくれる谷口恵子さん、編集の段階でたくさんの助言と助けをくれた玉村菜摘さんと小森優香さん、挿し絵を担当してくれた信頼する友達ショウマ、素敵な表紙デザインを作ってくださったエントツさん、本の販促に尽力してくれたユリアちゃん、リュウ、ミレイ、大学でビジネスの面白さを教えてくださった西原先生をはじめとする尊敬する大学教授の皆さん、「推し」に対する思いを否定せず全力で追いかけさせてくれた家族、「推し」を通して繋がることのできたたくさんの友達、この本を作るうえで様々な形で関わり、支えてくださった全ての皆さんに感謝を述べたいと思います。

皆さん誰一人の力が抜けても、この本は完成しなかったです。私の大きなチャレンジを支えてくれて本当に感謝しています。

ありがとう。

何より、ここまでこの本を読んでくださった、この文章の向こう側にいるあなたへ、この本を手に取り最後まで読み切ってくれたその事実に感謝を述べたいと思います。
あなたがこの本から少しでも何かを感じ取ってくれたのであれば、それだけで私はこの本を書いた意味があると思っています。

本当にありがとうございます。

この本を読んでいるあなたのビジネスが、ポジティブ溢れる誰かの「推し」になることを願って。

2023年11月28日　瀬町奈々美

協力企業

株式会社ジェイアール東日本企画 Cheering AD
「アクリルグッズの達人」（株式会社 BeBlock）

参考文献

中山淳雄『推しエコノミー 「仮想一等地」が変えるエンタメの未来』（日経 BP）
久保（川合）南海子『「推し」の科学　プロジェクション・サイエンスとは何か』（集英社）
ユン・ソンミ『BIGHIT　K-POP の世界戦略を解き明かす 5 つのシグナル』（ハーパーコリンズ・ジャパン）
デイビッド・ルイス『買いたがる脳』（日本実業出版社）
藤村正宏『「3 つの F」が価値になる　SNS 消費時代のモノの売り方』（日経 BP マーケティング）
株式会社宣伝会議『宣伝会議』9 月号「SNS 時代　新しい『ブランド』のつくられ方」（株式会社宣伝会議）
佐藤尚之 , 津田匡保『ファンベースなひとたち　ファンと共に歩んだ企業 10 の成功ストーリー』（日経 BP）
宇佐美りん『推し、燃ゆ』（河出書房新社）
コクヨ野外学習センター『ファンダムエコノミー入門　BTS から、クリエターエコノミー、メタバースまで』（黒鳥社）
原田曜平『新・オタク経済　3 兆円市場の地殻大変動』（朝日新聞出版）
横川良明『人類にとって「推し」とは何なのか、イケメン俳優オタクの僕が本気出して考えてみた』（サンマーク出版）
博報堂ヒット習慣メーカーズ『本能スイッチ』（イースト・プレス）
水越康介『応援消費　社会を動かす力』（岩波書店）

参考にした Web サイトなどは下記のページに掲載しています。
https://pbook.info/oshi-reference/

推し活経済
新しいマーケティングのかたち

2023年12月22日　第1刷発行

著者	瀬町奈々美
発行者	谷口 一真
発行所	リチェンジ 〒115-0044 東京都北区赤羽南 2-6-6 スカイブリッジビル B1F
編集	谷口 一真
編集協力	玉村 菜摘／小森 優香
DTP	玉村 菜摘
カバーデザイン	喜來 詩織（エントツ）
挿絵	上野 聖真
販促協力	渥美有梨亜／川口龍之介／小林美鈴
印刷・製本	中央精版印刷株式会社
発売元	星雲社（共同出版社・流通責任出版社） 〒112-0005 東京都文京区水道 1-3-30 TEL：03-3868-3275

ISBN978-4-434-32870-1　C0034